汉字解密

春生

《汉字解密》栏目组◎编著

长江出版传媒 | 长江文艺出版社

图书在版编目（CIP）数据

汉字解密. 春生 / 《汉字解密》栏目组编著. -- 武汉 : 长江文艺出版社, 2020.1
ISBN 978-7-5702-1055-8

Ⅰ. ①汉… Ⅱ. ①汉… Ⅲ. ①汉字－青少年读物 Ⅳ. ①H12-49

中国版本图书馆 CIP 数据核字(2019)第 112452 号

责任编辑：钱梦洁　梅若冰　汤云松　　　　责任校对：毛　娟
整体设计：一壹图书　　　　　　　　　　责任印制：邱　莉　杨　帆

出版：长江出版传媒 | 长江文艺出版社
地址：武汉市雄楚大街 268 号　　　邮编：430070
发行：长江文艺出版社
http://www.cjlap.com
印刷：湖北新华印务有限公司

开本：720 毫米×1020 毫米　　1/16　　印张：9.75
版次：2020 年 1 月第 1 版　　　　2020 年 1 月第 1 次印刷

定价：30.00 元

漢字解密

序

得知《汉字解密》丛书的出版，我高兴且欣慰，也充满感慨。在我的童年里，一切都是匮乏的。在那个年代，对于男孩子来说，只有几种小游戏，以及母亲、外婆的陪伴，是温暖的。此外，我只能找到有限的书籍来丰富我的心灵。那时，没有淘宝，没有网上商城，没有电视节目和手机App。我如饥似渴地阅读我能找到的一切书籍。为了买书，9岁的我到江边码头拖板车，赚到的钱，还舍不得买一杯路边的凉茶，全部用来买书了。如今的孩子们已经坐拥书城，有时我想，如果我是现在的孩子，一切知识的获得都那么方便，我还会不会拥有对于书籍的热爱、对于文学的热爱，成为一个作家？

我也不知道答案是什么。一切都无法重来。然而肯定的是，我将有可能更早更多地阅读不同的书籍。如果儿时的我看到这套《汉字解密》，或许我将对中国文化、文学产生更为浓厚的兴趣和爱，或许我会成为一个研究中国文化的学者，或许我将更早地走上文学这条路。

因此，《汉字解密》丛书的出版在今天具有非凡的意义。或许，会有一对父母将它作为生日礼物送给孩子，由此，便在这个孩子的心灵里种下一颗文学的种子，成为未来的作家；或许，会有一个高中生将产生对中国文化的热爱，将高考志愿改为中文系，成为未来的教授和学者；或许，它会让更多的外国人爱上中国，爱上中文，中国由此将拥有更多的朋友，未来将更为辉煌。

是的，在今天，《汉字解密》丛书的出版是非常必要和及时的。它向人们重新展示汉字的美，揭开汉字产生和发展的秘密，讲述汉字里蕴藏的故事。更为重要的是，这套书的阅读是轻松而愉快的。它分为“春”“夏”“秋”“冬”四个主题，阅读起来趣味十足，就像童年时妈妈给你讲的睡前故事。每个汉字包括了从甲骨文、金文、小篆、隶书到楷书的形体演变过程，让读者了解现代字形的来历；详细分析了字的形体和字的意义的关系；以字为核心，串联了相关的文化知识，深入挖掘了汉字深厚的文化内涵。同时，还选取了与解读汉字关联性较强的诗词经典，通过分析该字在诗词中的意义，进而对整首诗词进行赏析。

这套丛书就像是江汉平原的稻田，平凡、质朴，又不可或缺，就像出生之后妈妈的乳汁，滋养着你，让你长大，收获爱与温暖，成为一个大写的有情怀的人。希望这套《汉字解密》丛书成为你最愉悦的陪伴。

是为序。

著名儿童文学作家　董宏猷

目录

春

chūn

春

『春』字里有阳光和萌芽的种子！

造字故事 ZAOZIGUSHI

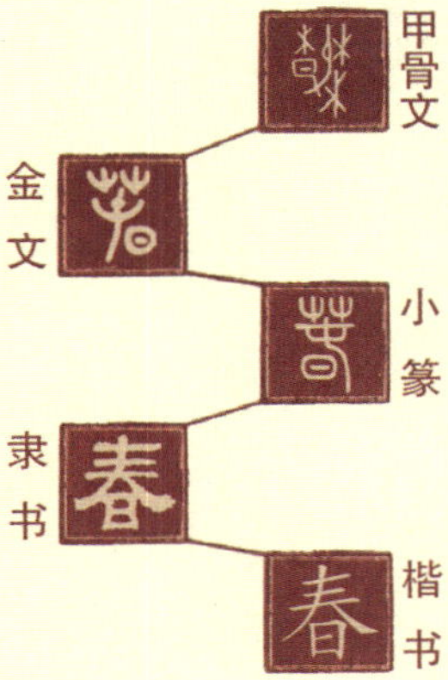

“春”在甲骨文中是一个会意字，表示阳光照射林野，地里的种子已经破土生长。金文和小篆的“春”字简化了甲骨文，更加线条化，隶书和楷书的“春”字进一步简化，已经完全看不出最初的形态。《集韵》中说：“萅，古作‘旾’，隶作‘春’。”也就是说“春”的古文是由“日”和“屯”两个字组合起来的。这里的“日”字就是太阳，其中的“屯”字却大有讲究。“屯”是一个象

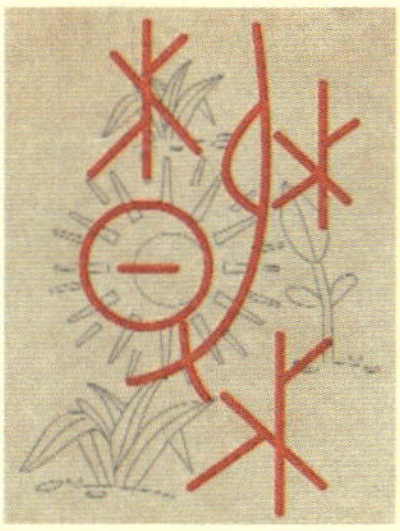

屯 甲骨文

形字，像植物的籽芽破土而出，如此说来，“春”字的形体就宛如一幅最美的画卷。太阳照耀着、抚慰着刚刚破土而出的幼芽，这就是中华先民心目中的春，这就是神州大地的春。

在中华先民心目中，春种一粒粟，秋收万颗子，“春”本身就蕴含着、代表着无限的生机与活力。人们总是说“一年之计在于春”，这是我国劳动人民在千百年的生产实践中总结出来的一条经验，它强调了“春”在一年四季中、在农耕文化中所占有的重要位置。春天不仅意味着一年四季的开始，更是人们播下种子洒下希望的开始，所以人们期盼春天、赞美春天，更要牢牢把握春光。

春夜喜雨

唐·杜甫

好雨知时节，当春乃发生。
随风潜入夜，润物细无声。
野径云俱黑，江船火独明。
晓看红湿处，花重锦官城。

赏析：这首诗描写春夜降雨、润泽万物的美景，抒发了诗人的喜悦之情。

【主讲人：周光庆 华中师范大学文学院 教授 】

吉

『吉』是一件结实的兵器！

jí

吉

造字故事

ZAOZIGUSHI

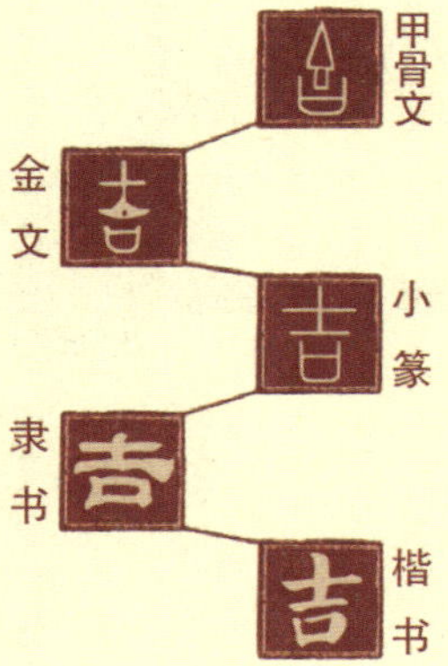

“吉”字的甲骨文中上部像一个兵器，下部的“口”像装兵器的筐，或是一个指示符号。“吉”的本意是指质地坚硬的兵器，先秦时期“吉”还有表示善、好的意思。字形发展到小篆，“吉”字上部演

变为“士”字，下部为“口”。此后隶书、楷书以及简化字的字体基本没有太大变化。

“吉”在先秦时期的出土文献中出现的频率很高。《古文字诂林》中收录了两百多个形体，包括甲骨文、金文、楚简文字、侯马盟书、货币文字等。学者们对甲骨文“吉”的上半部分有不同的意见，有人认为它像箭头，有人觉得它像斧头，有人觉得它像圭玉，可以佩戴在身上辟邪，还有人认为它像洞穴上竖着的图腾标志，还有人觉得它像碑石。不过，从形体来看，我们倾向于认为它是一种兵器。

《说文解字》中的小篆字体与今天的简体字比较接近，《说文解字》的作者、东汉时期文字学家许慎说：“吉，善也，从士口。”这跟我们今天的意思比较接近。

文化故事 WENHUAGUSHI

许慎为什么要把甲骨文中表示兵器的“吉”解释为“善”呢？这是因为作为打仗的兵器，必须要质地坚硬。《释名·释言语》说：“吉，实也。”“吉”的意思就是坚实。周代铸造的青铜器上，常常还能看到“吉金”的说法，比如“择其吉金，自作龢钟”，就是因为铸造龢钟的青铜器牢固、结实，所以人们称之为“吉金”。这些牢固、坚硬的东西，不易折损，使用时间长，人们自然觉得它是好的。后来才引申出“美好”“吉利”的意思。

中和节日宴百僚赐诗（节选）

唐·李适

韶年启仲序，初吉谐良辰。
肇兹中和节，式庆天地春。

赏析：诗中的初吉是指农历二月初一，作者李适是唐朝第九代皇帝唐德宗，他在位的前期，正是大唐帝国昌盛繁华的辉煌岁月。诗歌表达了唐德宗恰逢中和节宴请百官的喜悦和豪迈之情。

【主讲人：王洪涌 华中师范大学文学院 副教授】

xiáng

祥

祥

为什么『祥』和『羊』密不可分？

造字故事

ZAOZIGUSHI

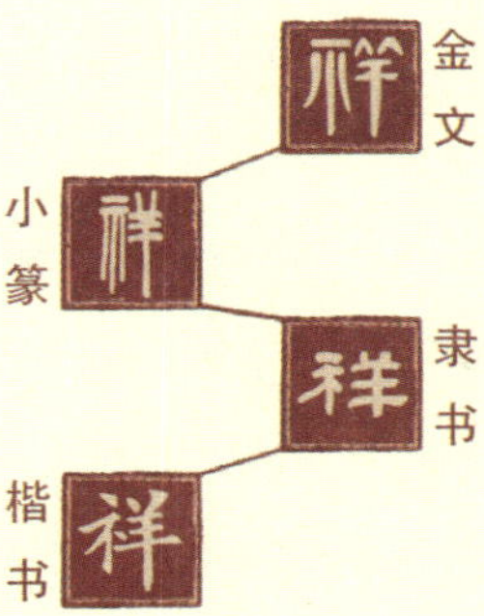

我们华夏祖先在造“祥”字的时候是怀着一种非常美好的心情的。金文的“祥”右边是“羊”左边是“示”，“示”是供桌的形象，明确了羊的祭祀意义。小篆的“祥”把弯曲的羊角拉直了，下边由两横变成了三横，左边的供桌上加了一短横变成了“示”。隶书和楷书则进一步符号化，演变成了今天的“祥”字。

文化故事 WENHUAGUSHI

在古时候遇到隆重的祭祀活动，人们都是拿牛、羊作为最好的祭品，向上天求福、求平安、求吉祥，所以“祥”字的本意是吉祥。在古人的心中，羊是动物中最温顺最善良的。它只吃草，不与喂养它的人争夺粮食，没有凶残强暴的本性。羊表现出的是柔和、温顺和平静，能够表达人们心目中“善”的意思。所以古人取象于羊作为“善”。《说文解字》中也提到“祥”的本意就是幸福、吉祥。

“祥”在汉字中还是吉祥的征兆。比如“祥云”是具有代表性的中国文化符号，其文化概念在中国具有上千年的时间跨度。祥云图案来源于我国古代对女人的敬畏，后来在纹饰上变化出各种与云相关的图案，运用于器物、服饰、建筑等。这种图案是人们对万事万物的心灵意愿和生活追求，所以中国人称之为“祥云”。

七夕诗

唐·卢纶

祥光若可求，闺女夜登楼。
月露浩方下，河云凝不流。
铅华潜警曙，机杼暗传秋。
回想敛余眷，人天俱是愁。

赏析：祥光指夜空中吉祥的光芒，预示着有好的事情要发生。全诗表达了对牛郎织女凄苦爱情的同情和惋惜。

【主讲人：李健 甲骨文专家】

祝

原来『祝』在古代还是个官职！

zhù

祝

造字故事 ZAOZIGUSHI

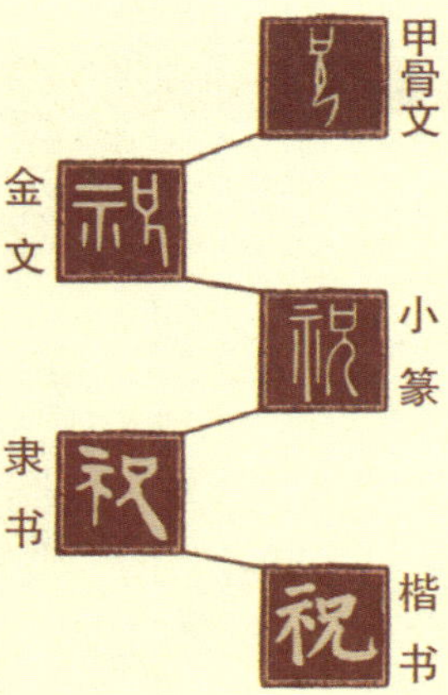

“祝”字的甲骨文，描绘了一个人恭恭敬敬地跪坐在地上祷告的形象，所以它的本意是向神灵祈福、祷告，表示一种行为和仪式；后来引申指祭祀时主持祭礼的人，以及祝祷时使用的文句“祝辞”。

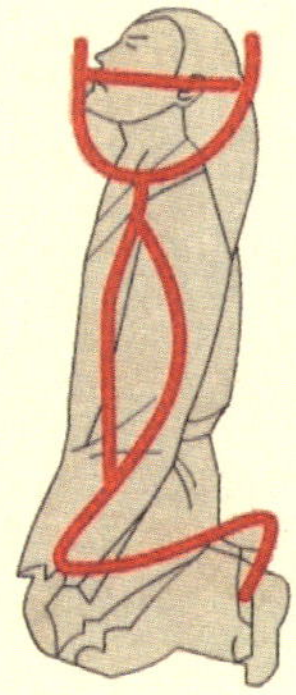

金文中的“祝”字，跪坐的人站立了起来，并在字形的左边加上了偏旁“示”，表示祷告对象的神主牌位。小篆的字形进一步符号化，笔形笔画变得圆润。隶书、楷书以及今天的简化字字形基本沿袭小篆字形。

文化故事 WENHUAGUSHI

古人是怎么解释“祝”字的呢？《说文解字》记载“祝，祭主赞词者”，意思是祭祀时主持祭礼的人。“赞词”就是祈祷用的祝辞。所以“祝”是人与神的中介，意思是在举行祭礼时迎接鬼神，并且把人的愿望传达给鬼神。这种角色在先秦时期被称为“祝人”“祝宗”“祝祭”，到了汉代则称之为祝官。

从古代人们的祝祷活动，到今天常见的祝愿祝福，“祝”字已经走下神坛，进入世俗人间。比如“祝愿”原本是向神祷告以求实现自己的愿望，现在用来指人和人之间的美好愿望、期许。“祝福”原本是求神赐福或除夕迎接福神、求来年获得好运气的旧风俗，现在用来泛指祝人顺遂幸福。“祝辞”是祭祀时的祝祷辞，现在用来指在庆祝活动中表示恭贺的言辞。

浪淘沙·把酒祝东风

宋·欧阳修

把酒祝东风，且共从容。
垂杨紫陌洛城东。
总是当时携手处，游遍芳丛。
聚散苦匆匆，此恨无穷。
今年花胜去年红。
可惜明年花更好，知与谁同？

赏析：诗人伤时惜别，抒发了人生聚散无常的感叹。

【主讲人：王准 湖北省社科院楚文化所 副研究员】

fú

福

福

能把美酒献给神灵，就是福。

造字故事 ZAOZIGUSHI

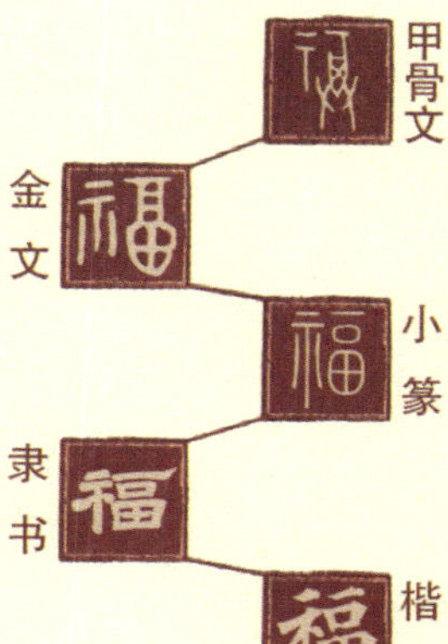

甲骨文的“福”是一个祭司献祭的形象，左边的“示”表示祭台，右边的形体像一个人双手捧着酒坛，往祭桌上敬奉酒，表示用美酒祭神祈求富足安康。金文在甲骨文的基础上进一步线条化。小篆的“福”将右边的酒坛形状符号化，并以“畐”作为声旁，变成形声字。隶书和楷书的“福”基本与小篆一致。

“示”的意思有好几种解释，有一种说法是“示”像神祖，也就是供奉祖先或者死者用的小木牌；还有人说“示”写成一横一竖的时候像祭台，写成两横一竖的时候像祭台上有祭品。“畐”是古代的一种盛酒容器。“示”和“畐”合在一起表示向祭台献酒，意思就是献上美酒，祈求神灵的保佑。

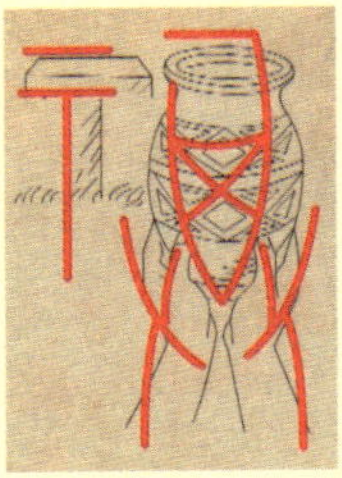

文化故事 WENHUAGUSHI

在上古时代，很多人衣食无着，别说用谷物加工美酒，能吃上用谷物做的饭也不是那么容易的事情。所以加工谷物获得玉液琼浆献给神灵，是一件非常奢侈的事情。但是为了得到神灵的保佑，人们不得不这样做，把最珍贵的东西献给神灵，才能显得非常虔

诚。所以“福”字造字的时候就化用了把装酒的坛子献到祭台的跟前的情景。

在五花八门的祝福语里面，我们常常听到人们说“五福临门”。但是“五福”到底是哪五福呢？《尚书》给出的解释是这样的：“一曰寿，二曰富，三曰康宁，四曰攸好德，五曰考终命。”用现在的话来讲，一是长寿，二是富贵，三是健康平安，四是美德，五是长寿善终。对人们来说，“五福”涵盖了人生的很多方面。福气、幸福当然是多多益善。

戊申岁暮咏怀三首（节选）

唐·白居易

七年囚闭作笼禽，但愿开笼便入林。
幸得展张今日翅，不能辜负昔时心。
人间祸福愚难料，世上风波老不禁。
万一差池似前事，又应追悔不抽簪。

赏析：诗人纵观自己坎坷的仕途经历，足证人生祸福实难自料。诗句用浅显的语言，阐发生活的真理和实情，耐人深思。

【主讲人：李治平 湖北师范大学语言学研究中心 教授】

喜

古人为什么用鼓表示喜悦的心情呢？

造字故事 ZAOZIGUSHI

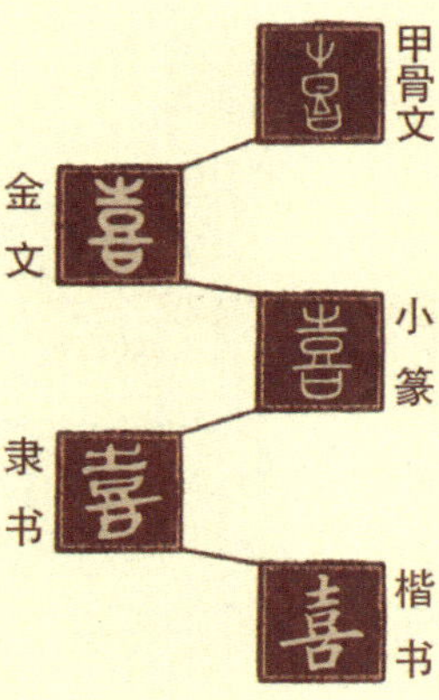

“喜”在甲骨文中是个会意字，字的上部是个鼓形，下部是个口形，表示敲锣打鼓十分高兴。金文和小篆在甲骨文的基础上略有变化，但变化不大。隶书和楷书进一步线条化，成为我们用到的“喜”字。

“喜”的意思就是快乐，就是高兴。为什么在喜字里面会有“鼓”和“口”呢？首先，鼓在古代是一种重要的乐器，鼓声有一种激励人心的作用，比如在古代战场上人们就要通过打鼓来激励将士们的气势。而“口”则是代表发声。我们可以想象一下这样的画面：民众击打着大鼓，围绕在一起，开怀大笑。这不就是一件让人感到高兴的事情吗？所以，许慎在《说文解字》里说：“喜，乐也。”

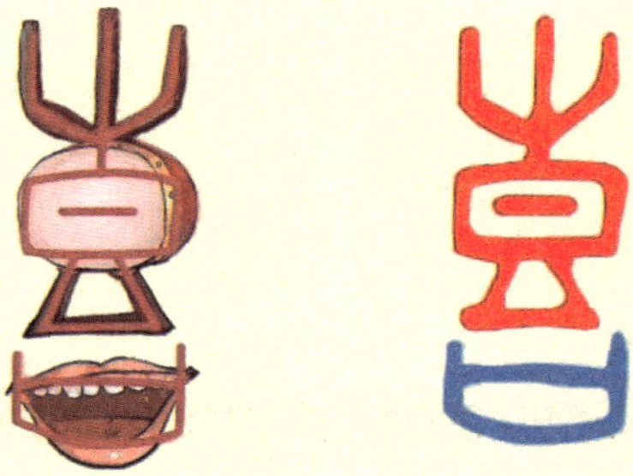

喜 甲骨文

文化故事

WENHUAGUSHI

由“喜”字还衍生了一系列的字。

比如“熹”，是“喜”字下面加了四点，四点是火的变形。为什么要用这个火来构成“熹”字呢？我们可以想到在上古时期，古人经常烧起一堆火，大家围着火唱歌，跳舞。这记录了当时人们的一种生活方式，同时也记录了当时人们喜的一种境界。

还比如嬉戏的“嬉”，文学家韩愈有一句名言：“业精于勤，荒于嬉。”这里的“嬉”带有玩乐的意思。如果一个人只知道玩乐，而忘了勤奋学习，人生就会被荒废，所以他告诫人们“业精于勤，荒于嬉”。

满江红·怀子由作（节选）

宋·苏轼

一尊酒，黄河侧。无限事，从头说。
相看恍如昨，许多年月。
衣上旧痕余苦泪，眉间喜气添黄色。
便与君，池上觅残春，花如雪。

赏析：诗人触景生情，抒发了对兄弟之间长期不能相见的深深感慨，和对胞弟苏辙的深切怀念。

【主讲人：周光庆 华中师范大学文学院 教授】

xīn

新

新

为什么以前的『新』字里有『木头』？

造字故事

ZAOZIGUSHI

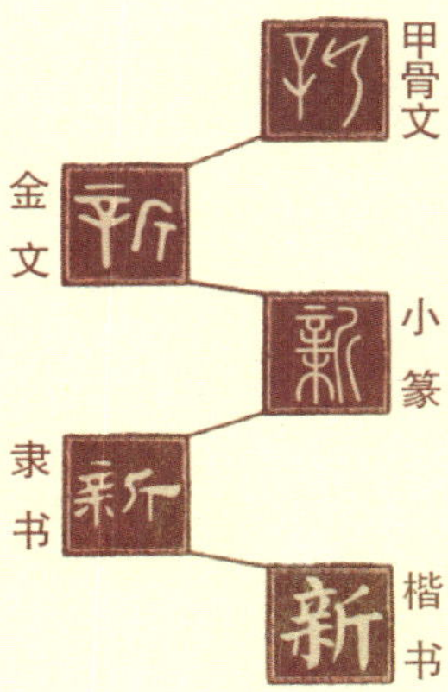

甲骨文的“新”有两种不同的写法，第一种写法左边是“辛”表读音，右边是“斤”表意义；第二种写法左边上部是“辛”，下部还有一个“木”，右边是“斤”。

段玉裁在《说文解字注》中说：新字应该是从

斤、木，辛声，所以“新”字的本义就是用斧头去砍伐树木。

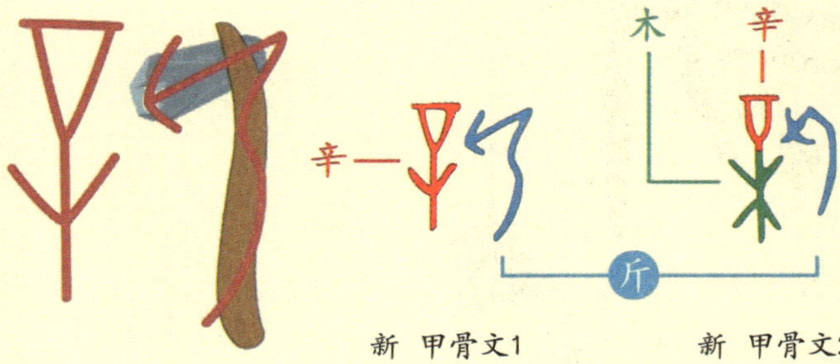

新 甲骨文1　　新 甲骨文2

金文的“新”也承袭了这两种字形，右边的“斤”已经逐渐规整，小篆的“新”左上部的“辛”笔画更加复杂了。从大篆到小篆，“新”字的字形基本上采用了第二种写法。隶书和楷书的“新”与我们现在使用的字形基本上就没有什么区别了。

新 大篆　　新 小篆

关于“新”字由砍树之义引申出“新旧”的含义，中国现代著名历史学家、文献学家张舜徽先生在《说文解字约注》中说：“以斧析木而鲜白之色见矣，此新旧之义所从出也。”用斧子砍树，露出来的木质就是新鲜白色的，所以用它来表示新鲜、新出现的意义。这个解释比较符合事实，砍树露出来树木截面的颜色和外表面的不一样，就是新出现的事物，由此引申表新旧之意，符合情理。

春日

宋·朱熹

胜日寻芳泗水滨，无边光景一时新。
等闲识得东风面，万紫千红总是春。

赏析：这首诗表面描绘了春日美好的景致，实则是一首哲理诗，表达了诗人于乱世中追求圣人之道的美好愿望。

【主讲人：陈练文 武汉大学文学院 讲师】

拜

拱手拜年的手势也讲究男女有别！

bài

拜

造字故事 ZAOZIGUSHI

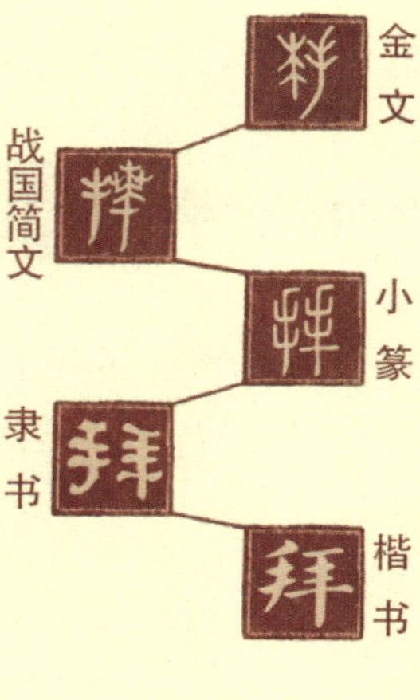

“拜”字在金文里有两种字形。一种字形从手、从𠦪（hū），𠦪表示快速前进，两个部件会意，表示快步上前合手相拜；另一种字形，左边是𠦪，右边是见，表示拜见的意思。

拜 金文1

拜 金文2

战国简文也有两种写法，一种是从手、从𠦪，另一种是两只手并列，表示双手合拜。

拜 战国秦简1　　拜 战国秦简2

小篆基本上继承了战国文字的两种写法，第一种从手、从𠦪，《说文》解释说：“拜，首至地也。”段玉裁改为“首至手也”，就是低下头靠在前拱的手上。第二种是异体，写作双手并列，但右边的手下面多出了一横，这右下的一横一竖呈 T 字形的部件是“下”字。

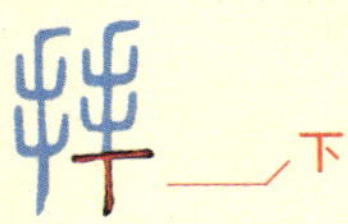

拜 小篆1　　拜 小篆2

“拜”从双手、从下，意为合手低头躬身相拜。隶书、楷书都继承了《说文》的第二种字形，我们今天的“拜”字就是这么来的。

文化故事 WENHUAGUSHI

我们拜年一般会行拱手礼，这种手势是很有讲究的。汉族传统习惯“尚左贬右”，吉事以左手为上，凶事则以右手为上。按阴阳五行学说，左为阳，主生；右为阴，主凶。抱拳时用左手包住右手，叫做“吉拜”，用于过年等喜事，反之为“凶拜”，用于吊丧等凶事。但值得特别注意的是，中国传统讲究男女有别，在许多场合都遵循男左女右的法则，在拱手行礼上也不例外，古代女子一般不行拱手礼，如要拱手行礼，就跟男性恰恰相反，以右手包住左手为吉拜，反之为凶拜。这个细节很重要，小朋友们拜年的时候，可不要弄错了啊！

幼女词

唐·施肩吾

幼女才六岁，未知巧与拙。
向夜在堂前，学人拜新月。

赏析：诗歌描写六岁的小女儿在七夕之夜学人拜月乞巧，“小大人”的形象既逗人又可爱。

【主讲人：刘宝俊 中南民族大学文学与新闻传播学院 教授】

hè

贺

贺

为什么祝贺别人的时候通常要带礼物呢？

造字故事 ZAOZIGUSHI

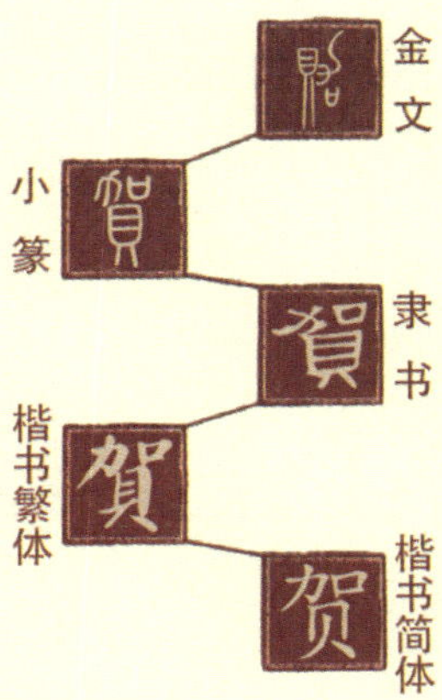

早期的“贺”是一个左右结构的字，金文的“贺”左边是“贝”，右边是“加”。“贝”表示钱财、礼物，“加”表示添加礼物，“贺”就是用礼物互相庆贺的意思。

小篆的“贺”字从左右结构，变成上下结构

了，“加”在上“贝”在下。

贺 金文

隶书和繁体的楷书也继承了小篆的字形，后来汉字简化时，依据草书字形，省去了繁体楷书中“貝”字形中的两横，简化为“贝”。

“加”的本意是语言夸张的意思，“贝”表示钱财礼物。所以《说文解字》有：“贺，以礼相奉庆也，从贝，加声。”这里的“贺”就是用礼物互相庆祝的意思。“贝”是形符，“加”是声符，这里的“加”也有表意的作用，表示添加礼物。逢年过节的时候，我们带着礼物走访亲朋好友，用互相祝愿、互相赠送礼物的方式来增加节日的欢乐。

“贺”的本意是用礼物互相庆贺，是个动词。庆贺的“庆”在《说文解字》里解释为“庆，行贺人也”，本来是指拿着鹿皮去送礼的人，是一个名词。用作动词以后成为了与“贺”相近的祝贺、庆祝的意思。但是用法上有差别。庆生、庆祝是纪念喜事，不一定送礼；贺寿、贺喜一定有礼品，所以有“贺礼”没有“庆礼”，有“国庆”没有“国贺”之说。

和张仆射塞下曲（其四）

唐·卢纶

野幕敞琼筵，羌戎贺劳旋。
醉和金甲舞，雷鼓动山川。

赏析：这首诗描写边防将士取得胜利后，边地兄弟民族在营帐前设宴劳军的场面，赞颂了边地人民和守边将士团结一心、保卫国家安宁与统一的豪迈气概。

【主讲人：黄雪晴 武汉理工大学汉语言学系 讲师】

庆

qìng

『庆』字里藏着一只珍贵的鹿。

造字故事
ZAOZIGUSHI

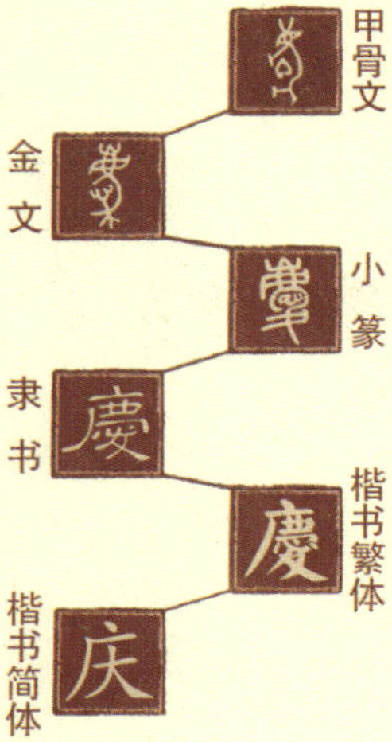

“庆”是“慶”的简化字，甲骨文的“慶”字是一个会意字，字形的里面是一颗心，外面是一只鹿的象形。“庆”的本意就是祝贺。

金文的“慶”和甲骨文差不多，字形外面在原先甲骨文字形的下方加

庆 甲骨文

上鹿尾，并将甲骨文中的“心”倒写。

小篆的“慶”和甲骨文金文变异较大，基本上线条化了，字形下部改鹿皮尾巴的符号为脚趾的符号，也就是下面的这个“夊”，表示“往”和“去”的意思，许慎在《说文解字》里说：“庆，行贺人也。从心从夊。吉礼以鹿皮为贽，故从鹿省。”这是什么意思呢？“庆”就是别人家有了喜事，拿着鹿皮作为礼物，向别人去行贺礼，而自己也是全心全意地替他人感到高兴。

“庆”的隶书字形有所变形，失去篆文的鹿头象形，且线条平直化，已经看不出鹿的形象。楷书字形则没有太大变化。

文化故事 WENHUAGUSHI

在远古时期，当朋友亲戚家有了喜事好事的时候，通常人们就会带着处理好的鹿皮作为礼物去送给别人，以示祝贺。为什么古人会选择以鹿皮做礼物呢？原来，这都源于古人对于“鹿”这种美丽、乖巧动物的喜爱。古时候，人们嫁娶时，男方要送女方两张鹿皮作为聘礼，其寓意就是迎娶美丽的姑娘！在《通鉴外纪》里记载有：“上古男女无别，太昊始设嫁娶，以俪皮为礼。”后人称夫妻为伉俪，而俪皮指的也就是鹿皮。因为鹿皮珍贵，所以在“庆”字的甲骨文字形中用鹿皮下的一个“心”去表达“真心诚意”的含义。由此我们也能看出，“庆”的本意是带着礼物前往，向他人表示祝贺。

言志诗

三国魏·曹植

庆云未时兴，云龙潜作鱼。
神鸾失其俦，还从燕雀居。

赏析：此诗是曹植自比，形容自身的不得志，但同时也期待有祥云升起，身化云龙的理想能实现。

【主讲人：李健 甲骨文专家】

jié

节

节

表示节日的『节』字为什么跟竹子有关？

造字故事 ZAOZIGUSHI

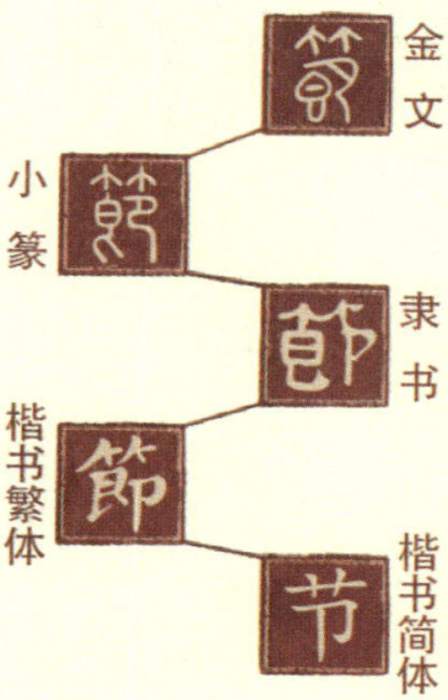

“节”字的金文是一个形声字，上面是竹字头“⺮”，表明这个字的本义和竹子有关；下面是“即”，是表读音的声符。小篆的“节”跟金文非常接近。

隶书中有的依然是竹字头，有的则将竹字

头写作草字头“艹”，所以竹字头的“節”字有异体字“莭”。楷书繁体跟隶书一样，也有两种字形。简体的“节”用的是草字头，下面的声符则只取“即”的右半边“卩”。

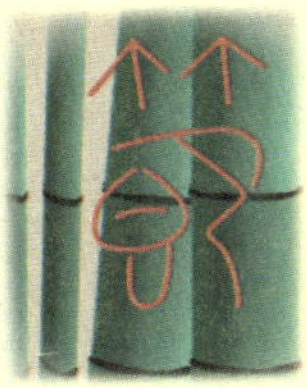

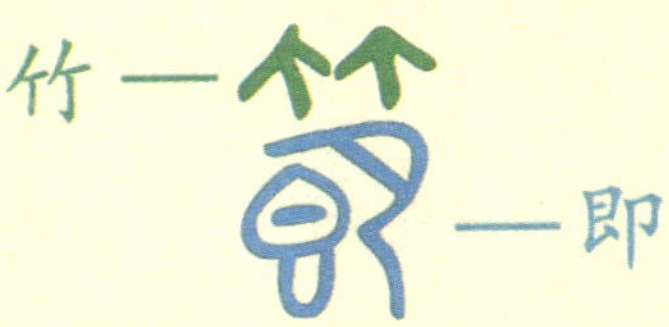

节 金文

节 小篆

“节”的本义是竹节。竹子是一段一段的，各段连接处有环状突起，这个环状突起的部位就是竹节。竹节把竹子区分为一段一段，竹节本身就是分段的标志，或者说是竹子上一个一个的节点。

节 隶书1

节 隶书2

节 繁体楷书1

节 繁体楷书2

一年三百六十五日，这是一个长长的时间轴，这个时间轴也可以分成一段一段的。用竹节来比喻一年时间的分段，“节”这个字就有了季节、时节、节气、节日的意义。这几个意义，可分为两组：季节、时节是一组，节气、节日是另一组。将时间切分后，如果着眼于一段一段的时间，也就是通常所说的时间段，这就是季节、时节。

九月九日忆山东兄弟

唐·王维

独在异乡为异客，每逢佳节倍思亲。
遥知兄弟登高处，遍插茱萸少一人。

赏析：此诗写游子的思乡怀亲之情。诗意反复跳跃，含蓄深沉，既朴素自然，又曲折有致。其中“每逢佳节倍思亲”更是千古名句。

【主讲人：卢烈红 武汉大学文学院 教授】

祖

古人是如何追忆祖先的？

zǔ

造字故事

ZAOZIGUSHI

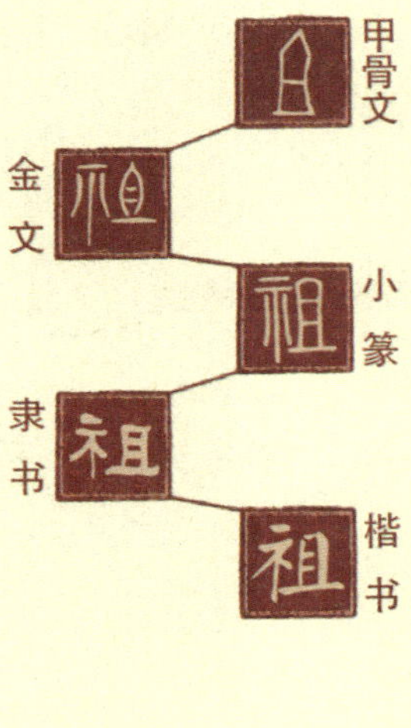

“祖”是一个形声字，从示，从且，且是“祖”字的声旁，不仅如此，在古代“且”也是“祖”的本字，有人说它像供奉神灵或祖先的牌位。

在金文字形中，“且”字没有太大变化，但是人们渐渐地在原先的“且”

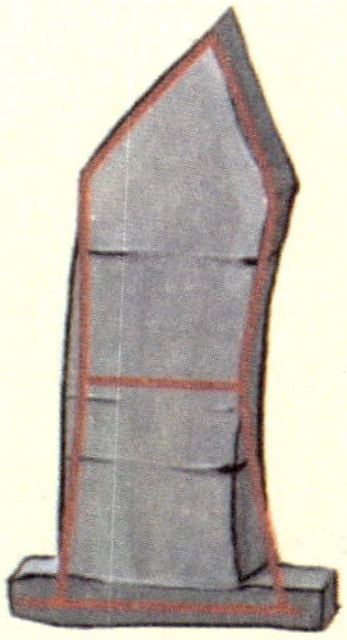

字旁边加上“示”，并用“祖”字代表敬重神灵、祭奠先人的含义。“祖”字的小篆字形承袭金文字形，左边是代表祭祀的“示”，右边是“且”。隶书字形没有太大变化。“祖”的楷书字形更加工整，已经非常接近我们今天看到的“祖”字。

文化故事 WENHUAGUSHI

“祖”有开始之意。家族的开始者是家族之祖。引申后，具有创始之功的人都可以称“祖”，因此人们也将开创基业的君主称为“祖”。不忘记自己的祖先是人之常情。从殷商时期开始，历代王朝就专门修盖房屋，安放祖先灵位，并称之为“宗庙”，通过进行一系列的祭祀活动，祈求福佑。“祖”是一个常用字，“祖”包括父亲的上一辈和上溯到最早的一代宗族先民，比如祖父、祖母。宋代理学家程颐说：“凡物，知母而不知父，走兽是也；知父而不知祖，飞鸟是也；惟人则能知祖，若不严于祭祀，殆与鸟兽无异矣。”只有人知道自己的祖先，所以人要祭祀自己的祖先，如果人不祭祀自己的祖先，和鸟兽就没有差别。

沁园春·雪（节选）

毛泽东

江山如此多娇，引无数英雄竞折腰。
惜秦皇汉武，略输文采；唐宗宋祖，稍逊风骚。
一代天骄，成吉思汗，只识弯弓射大雕。
俱往矣，数风流人物，还看今朝。

赏析：这首词不仅赞美了祖国山河的雄伟和多娇，更重要的是赞美了今朝的革命英雄，抒发了诗人伟大的抱负及胸怀。

【主讲人：郭康松 湖北大学文学院 教授】

suì

岁

岁

我们为什么用『岁』来表示年龄？

造字故事

ZAOZIGUSHI

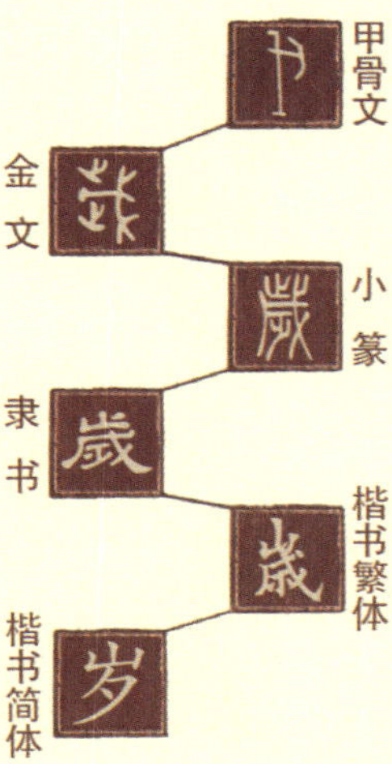

甲骨文的“岁”是一个象形字，描绘了一个斧头的样子，最初表示斧钺之类的器具。为什么我们现在表示年龄、时间含义的“岁”会跟斧头联系起来了呢？其实最初这个字是“斧钺”的“钺”字，后来因为这个字与岁星的“岁”读音相似，就借用它来表示岁星。

后来为了表示与“钺”的区分，人们在字形中加入了两个脚掌，也就是“止”字，突出岁星像人一样步行移动，强调时间的运行。

岁 甲骨文1

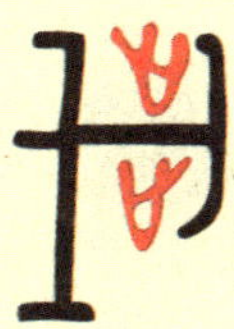

岁 甲骨文1

金文的形体在甲骨文的基础上，将左右的部件进行了调换。小篆承袭了金文字形，进一步线条化。隶书将“岁”字写成了上下结构。楷书把上部的“止”写成了“山”。汉字简化后又将下部简写为“夕”，就成了今天简体字的“岁”。

我们现在的“岁”具有的“时间”含义是从岁星得来的。古时候人们把天上的星星分为二十八星宿。人们观察到，岁星大约十二年运行一个周期，所以，把抬头看到的360度星空分成十二个区域，称为星次，每个星次对应的不同的星宿。这些星次都有不同的名称，比如“星纪”“鹑首”“大火”等。岁星每年运行一格，就是从一个星次运行到另一个星次。人们就是这样通过观察岁星的移动变化来记录时间的，这也就是我们用“岁”来表示年龄的缘故。

元日

宋·王安石

爆竹声中一岁除，春风送暖入屠苏。
千门万户曈曈日，总把新桃换旧符。

赏析：这是一首描写古代迎接新年的即景之作，抓住有代表性的生活描写，充分表现出年节的欢乐气氛，富有浓郁的生活气息。

【主讲人：王洪涌 华中师范大学文学院 副教授】

鼠

shǔ

鼠

不讨人喜欢的鼠为什么会排在十二生肖之首呢？

造字故事 ZAOZIGUSHI

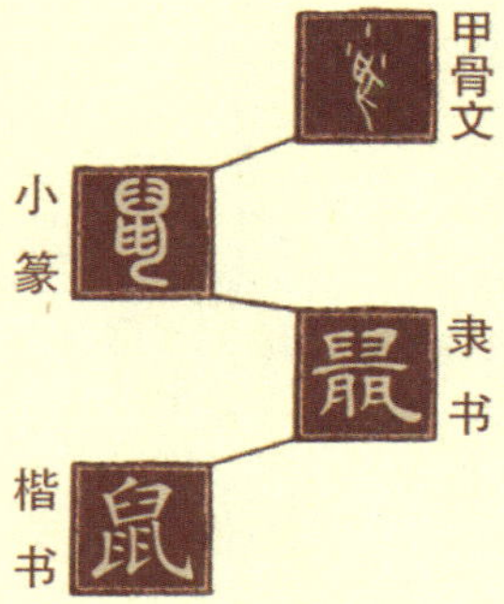

甲骨文中的“鼠”字是一个象形字，上面像一只老鼠张着嘴巴，里面是它长长的锋利的牙齿；下部像老鼠的身子和长长的尾巴。这像什么？一只正在吃东西的侧面的老鼠。这个字非常形象，它突出了老鼠

的两大特点：一个是牙齿长，另一个是不停地吃东西，啃东西。这个字让我们不得不赞叹古人的造字智慧，把老鼠的特点形象地表示出来了。

鼠 甲骨文

《说文解字》中小篆的“鼠”字慢慢地线条化和符号化，但还是保留了鼠的特征：上面表示老鼠的头部，中间是牙齿，下面表示鼠的身躯和四肢，最后这一笔表示鼠的尾巴。

隶书和楷书的字体基本沿袭了小篆的字体，今天简化宋体依然保留了“鼠”字的特征。

文化故事

WENHUAGUSHI

因为老鼠总是晚上出来活动，行动还鬼鬼祟祟的，所以人们经常把老鼠和小偷、盗贼联系到一起，于是就有了贼头鼠脑、贼眉鼠眼这些词。又因为老鼠眼睛小又很突出，眼神也很狡猾，所以就用鼠目寸光来比喻人目光短浅，没有远见，不能做长远打算。不过在十二生肖里，鼠却是排在第一位的，以它机灵可爱、多子多福的特点受到人们的喜爱。

夜半

唐·李商隐

三更三点万家眠，露欲为霜月堕烟。
斗鼠上堂蝙蝠出，玉琴时动倚窗弦。

赏析：诗歌描绘了古时候夜深人静，老鼠出没的景象。

【主讲人：王洪涌 华中师范大学文学院 副教授】

niú

牛

牛

为什么说牛是十二生肖中最具牺牲精神的动物？

造字故事

ZAOZIGUSHI

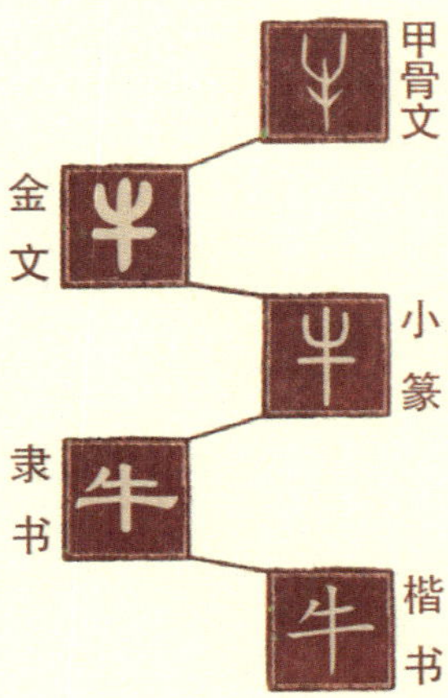

远古时期的“牛”字是作为图腾出现的。“牛”字是一个象形字，字形像一个牛的头部，突出了它弯曲而粗长的牛角。下面是两侧的耳朵，中间的一竖代表牛的脸。

金文的“牛”牛角

依然向上，但牛的耳朵写得平直，笔画变得更加圆润。小篆的字形与金文相比没有太大变化。隶书的“牛”字将牛角变得平直，左上角加上了“丿”，整体字形完全失去动物的形象。楷书和简化字形基本沿用了隶书的形体。

殷商牛鼎上的牛头符号

牛 甲骨文

文化故事 WENHUAGUSHI

牛对于早期游牧民族来说非常重要，是财富的象征，受到人们重视。到了农耕时期，牛又成为耕作当中不可缺少的力量，传说神农氏就是人身牛首。汉字中很多字的形旁都从牛。比如“物”和“件”，也就是说古人计件数是以牛来计的。“半”字最初是指牛的一半，由此可见用牛来指称数量，在古代是一种普遍的社会意识。“牺牲”两个

字都是牛字旁，是因为在古代，祭祀最重要的祭品就是牛。所以“牺牲”一开始指的是充当祭品的牛。

《左传》记载：齐景公跟儿子一起玩游戏，他学牛的样子，嘴里衔着一根绳子，让儿子牵着走。不料儿子不小心跌倒，齐景公的牙齿被拉折了。人们后来把疼爱子女的父母称为“孺子牛”，也用来比喻甘为人民服务的人，如鲁迅《自嘲》诗：“横眉冷对千夫指，俯首甘为孺子牛。”

饮牛歌（节选）

宋·陆游

舍东土瘦多瓦砾，父子勤劳艺黍稷。
勿言牛老行苦迟，我今八十耕犹力。

赏析：诗人以牛自况，表现了牛勤勤恳恳、吃苦耐劳的形象。

【主讲人：王洪涌 华中师范大学文学院 副教授】

虎

你知道什么是虎符吗？

hǔ

虎

造字故事

ZAOZIGUSHI

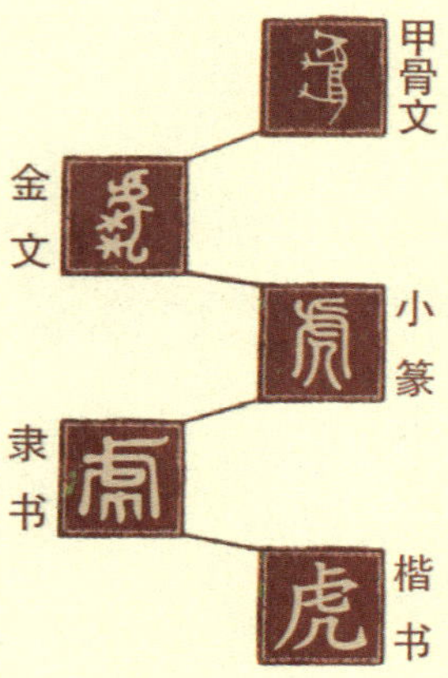

甲骨文的“虎”字描绘的是老虎侧面的形象，张着大口，身上布满了花纹，张开尖锐的爪子，表现了老虎凶猛的样子。

金文的形体承袭甲骨文字形，简化了老虎身上花纹的写法，依然保留了老虎尖牙利口大爪子

的特点。小篆形体的“虎”进一步符号化，逐渐失去象形的特征，下半部分简化变形为一个“人”字的模样，《说文解字》中说老虎是“山兽之君”，说明了老虎在人们心中的地位。

隶书和楷书的形体进一步符号化，渐渐失去了象形的特点。从虎字的演变来看，不同时期的虎字的形体虽然有所变化，但总体是在保留虎躯体形状的同时，简化身上花纹的写法，突出它张牙舞爪的姿态。

文化故事 WENHUAGUSHI

相信很多人都听说过“虎符”，它起源于先秦时期，古人把它分左右两半，帝王执一半，带兵的将帅执一半，只有两部分结合才能调动军队。那么古人为什么要用老虎的形象来作为军权的象征呢？其实，这也是利用了老虎的特点，虎的形象威猛刚毅、无所畏惧，所以就被用于调兵遣将的兵符上。

七律·人民解放军占领南京（节选）

毛泽东

钟山风雨起苍黄，
百万雄师过大江。
虎踞龙盘今胜昔，
天翻地覆慨而慷。

赏析：诗中的“虎”是指解放军像猛虎一样雄踞在长江之滨。

【主讲人：王洪涌 华中师范大学文学院 副教授】

兔

tù

兔

古人是如何为可爱的兔子造字的呢？

造字故事 ZAOZIGUSHI

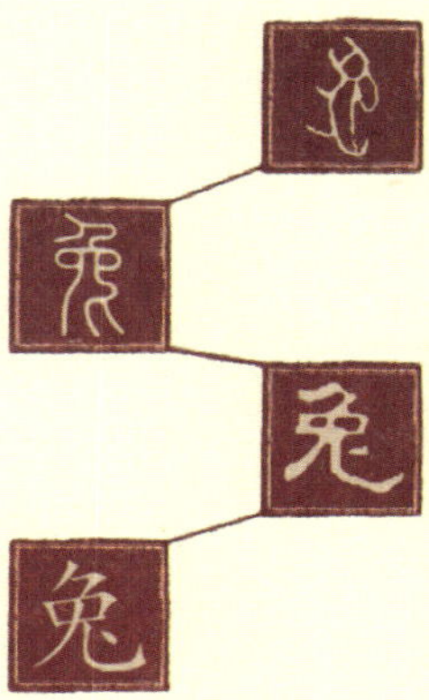

甲骨文中的“兔”，是一个象形字，描绘了一个温顺可爱的兔子形象，突出的是它长长的耳朵和短短的尾巴的特征，有的甲骨文中还画出了它前肢比后肢略短的特点。金文中没有“兔”字。

小篆形体进一步符号化，线条变得圆润，像兔子蹲坐的样子，许慎在《说文》中依据小篆形体，说它像兔子蹲坐的样子，这是在大篆形体基础上的线条化，不过还可以看出兔的短尾巴。我们现在有句俗话叫“兔子的尾巴——长不了”。

隶书之后的“兔”，已经脱离了象形的特点，短尾巴变成了一点。楷书的“兔”跟隶书基本一致。

文化故事 WENHUAGUSHI

兔子跑得快，人们追不上，就想办法用网来捕捉。为了对付人们的追捕，兔子还有什么办法呢？有个成语叫“狡兔三窟”。兔子为了藏身，挖洞的时候会多挖几个洞，万一哪个洞被人发现了，它就换个藏身的地方。

还有个成语“守株待兔”，是说有个耕田人，看到一只兔子跑过来，撞到树桩上，

脖子折了死了，他就守在那里，想再等到别的兔子撞过来。为什么等的不是别的动物而是兔呢？细心的观众可以发现，兔子的双眼位于脸的两侧，虽说能见范围广，但是正前方恰恰是死角，因此当兔子受到围捕，不顾一切逃跑的时候，就容易撞上前方的物体。

兔

宋·梅尧臣

迷踪在尘土，衣褐恋蓬蒿。
有狡谁穷穴，中书惜拔毫。
猎从原上脱，灵向月边逃。
死作功勋戒，良弓合自弢。

赏析：这首诗展现了兔子机智矫健、善于逃跑的特点。

【主讲人：王洪涌 华中师范大学文学院 副教授】

龙

龙为什么会成为中华民族的图腾和文化符号呢？

lóng

龙

造字故事 ZAOZIGUSHI

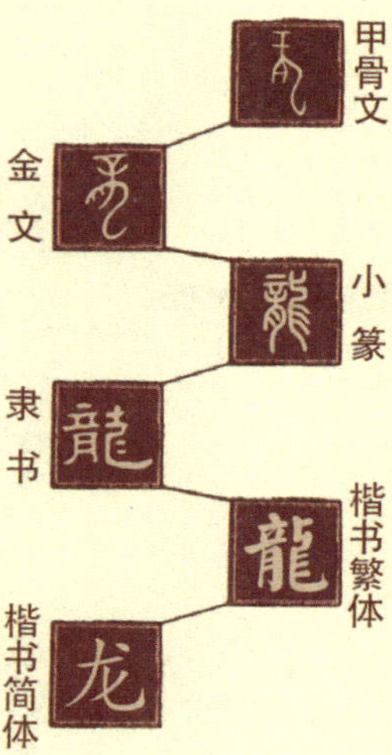

龙是古代传说中的灵异神兽。甲骨文的“龙”字是一个象形字，描绘了人们想象中龙的形象。甲骨文的“龙”，上面是头冠，张着大嘴，里面是锋利的牙齿，右边是它弯曲的身体。由此推测，龙是一个大型的爬行类动物，

我们现在一般认为它的原型应该是蛇。

金文的“龙”字形体没有太大变化，只是承袭了甲骨文的特点，笔画变得更为圆润。

在“龙”的甲骨文、金文中，龙的形体是身手相连的。隋唐之后随着佛教的传入，佛教里对龙王的崇拜就和我们对龙的崇拜结合在了一起，身手相连的“龙”字发展到小篆，被分成左右均衡的两部分。隶书和楷书繁体的“龙”与小篆字体大致相同。简化过程中通过草书楷化的形式就成为我们今天的简化字。

文化故事 WENHUAGUSHI

作为十二生肖中唯一一个不存在的动物，龙为什么会成为中华民族的图腾和文化符号呢？这是因为古人生产力低下，人们无法解释自然界中的风雨雷电，也没有办法解

释自身的一些现象，所以就想象有一种神兽可以帮助和保佑人们，于是集合了不同动物特点的神性的动物龙应运而生。我们今天所指的龙精神，是一种和合、包容、进取、独立的中华精神。

龙

唐·李峤

衔烛耀幽都，含章拟凤雏。
西秦饮渭水，东洛荐河图。
带火移星陆，升云出鼎湖。
希逢圣人步，庭阙正晨趋。

赏析：诗中的龙高贵、神奇，被看作是祥瑞的象征。

【主讲人：王洪涌 华中师范大学文学院 副教授】

蛇

古人竟然用『它』表示蛇？

shé

蛇

造字故事

ZAOZIGUSHI

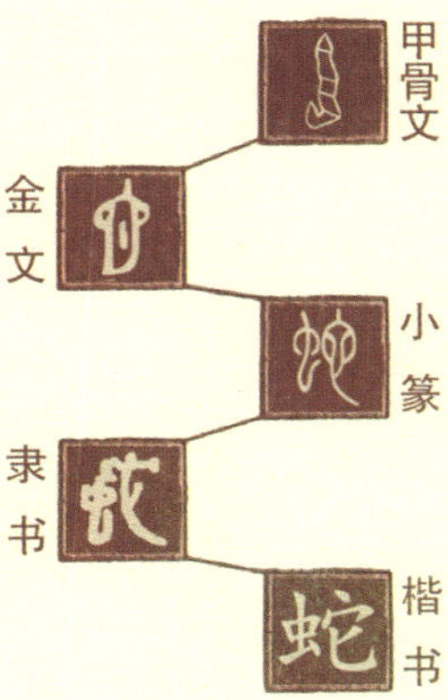

蛇是古人非常恐惧的一种动物，甲骨文描绘了一个细长的蛇的形象。甲骨文的“蛇”字今天写作“它”，也就是说，在古代，人们用“它”字来表示蛇。

金文的“蛇”字除了保持头尖身圆的特点，还在蛇的腹部加上了一个指示符号，表示蛇可以吞食比它身体大得多的动物。

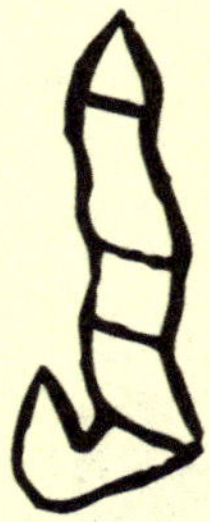

蛇 甲骨文

小篆的“蛇”字与之前的形体发生了很大的变化，“蛇”字演变成了左右结构。而古文字“它”后来更多地作为指示代词用，用来表示“其它”。为了区分，小篆就在“它”字的左边加了“虫”旁表示“蛇”。隶书和楷书的“蛇”在小篆的基础上进一步符号化，逐渐演变为今天的“蛇”字。

文化故事 WENHUAGUSHI

你知道古代的先民见面问候什么吗？他们问的是：“无它乎？”在古时候，人们用“它”字来表示蛇，“无它乎”意思就是“没有蛇吧”。古人见面之所以要问有没有蛇，是因为早期的人们生活环境恶劣，常常受到虫蛇类动物的侵扰，后来“无它乎”慢慢延伸为表示人们相互之间问候没有灾

难、平安无事的用语。可见蛇在中国是人们的“恐惧之源”。所以现在很多属蛇的人往往不喜欢说自己属蛇，而称自己属小龙，原因就在这里。北方方言中到今天都还称“蛇”为“长虫”。

在上古时候，人们既畏惧蛇又敬重蛇，由此产生了很多关于蛇的神话传说，比如盘古、伏羲、女娲、这些地位显赫的神灵都曾以半人半蛇的形象出现过。不仅如此，蛇的形象在古代绘画、砖石及青铜等工艺美术品中也是频繁出现，比方说在汉代，青龙、白虎、朱雀和玄武是人们普遍信奉的四个方位神，其中玄武的形象就由龟和蛇组成。

沁园春·雪（节选）

毛泽东

望长城内外，惟余莽莽；
大河上下，顿失滔滔。
山舞银蛇，原驰蜡象，
欲与天公试比高。

赏析：这首词寓情于景，议论和抒情交织辉映，意境壮美，气势恢宏，感情奔放，胸襟豪迈。词中的“银蛇”，是比喻山岭好像银白色的蟒蛇在飞舞。

【主讲人：王洪涌 华中师范大学文学院 副教授】

马

mǎ

马

上古时期，马在人们的生活当中都有哪些作用？

造字故事 ZAOZIGUSHI

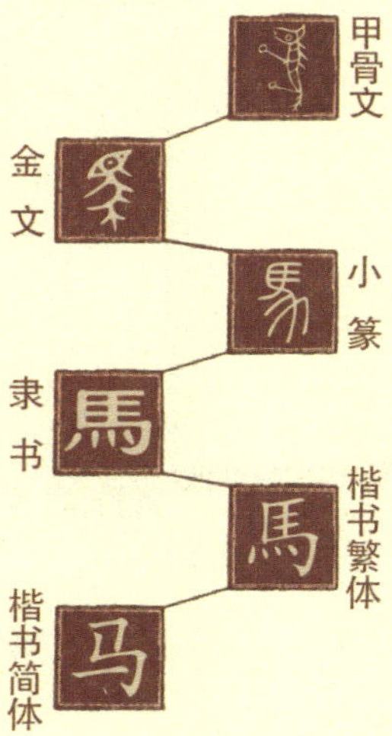

甲骨文中的“马”是一个象形字，字形像一匹凌空跃起的骏马，长而扁的马头，健壮有力的蹄子，飘逸飞舞的鬃毛，高大健硕的身躯，左摆右摇的马尾。

金文的“马”依然保留了象形的特征，突出了

一双炯炯有神的大眼睛，让人仿佛感受到骏马的力量与速度。小篆的“马”字形已经完全线条化，看不出马的形象，书写更为简单。隶书和楷书的“马”将字形下部代表马足与尾巴的线条由“灬”表达。

马 甲骨文

《说文》里面说：“马，怒也，武也。”在许慎看来，马是一种昂首怒吼、神勇无比的动物。所以汉字“闯”字里面就有一匹烈马，有“马”才叫闯。

文化故事 WENHUAGUSHI

古文字记载中，人们很早就开始驯化野马，使它为人类服务。由于马善于奔跑，体型比牛要小，奔跑的速度比牛快，所以早期的文献中就有“服牛乘马”的说法。驯化后的马，不仅可以代步，还可以耕田，跟早期牛的作用有点相似。到了后来人们根据牛和马的特点，渐渐地让牛专注于耕田，马专用于代步。所以这就要说到马的另外一大用处——战争。正是因为学会了用马来代步，活动空间得到了极大的扩展，人类相应的征战的距离也进一步扩大。自古英雄配宝马，关羽的赤兔马、刘备的的卢马等，都是非常有名的。

十一月四日风雨大作

宋·陆游

僵卧孤村不自哀，尚思为国戍轮台。
夜阑卧听风吹雨，铁马冰河入梦来。

赏析：这首诗深沉地表达了作者报效祖国的壮志和矢志不渝的精神，向读者展示了诗人的一片赤胆忠心。诗中的“铁马”是指披着铁甲的战马，象征古代的军队。

【主讲人：王洪涌 华中师范大学文学院 副教授】

yáng

羊

羊

羊为何会有许多美好的寓意？

造字故事 ZAOZIGUSHI

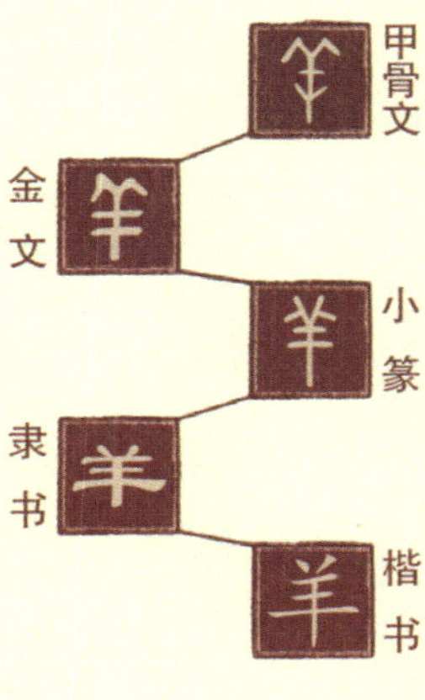

甲骨文的“羊”字是一个象形字，描绘的是羊头部的形状，突出了弯弯的羊角以及尖长的嘴巴。金文中“羊”的字体基本承袭了甲骨文。小篆的“羊”更加符号化，慢慢失去了象形的特征。“羊”字发展到隶书，上部的羊角演变了成了类似草头的形状。楷书和简化字的“羊”基本承袭了小篆和隶书的写法。

甲骨文的“羊”，并没有把羊的全部身体画出来，而是仅仅取了它的头部，上面是它弯弯的羊角，中间一竖可以看做是羊的鼻子，下方像是羊的胡须。这也是古代的象形文字的一种造字方法：以部分代表整体。

为什么古人在造字的时候，偏偏把牛和羊只画了一个头呢？这是因为在古代，牛和羊都是用来祭祀的，祭祀的时候只用牛羊的头，所以牛和羊就主要突出了它的头部造型，这就是古人偏爱羊的原因之一。

文化故事 WENHUAGUSHI

羊除了可以用来祭祀、作为鲜美的食物以外，它的样子乖巧，性情也比较温和，所以有“羊有跪乳之恩，鸦有反哺之义”的说法，这正和儒家推崇的温良恭俭让、仁爱、孝顺相一致，所以自古以来，人们往往把羊看作是孝顺知礼的象征。

我们熟悉的“三羊开泰”，其实是“三

阳开泰”的谐音。《易经》中认为冬至是“复卦”“一阳生”，因为冬至后白天渐渐变长，古人认为是阳气初动；十二月是“临卦”“二阳生”；正月则是“泰卦”“三阳生”，因为冬去春来，万物复苏，有吉祥亨通之象。“三阳开泰”于是就成了岁首祝福吉祥的话。而羊在古代也有吉祥的寓意，《说文》里面说：“羊，祥也。”所以“羊”也往往借作“祥”，“吉祥”古时候也写作“吉羊”。所以一些吉祥画、年画上会画上三只羊来表示“三阳开泰”。

敕勒歌

南北朝·无名氏

敕勒川，阴山下。
天似穹庐，笼盖四野。
天苍苍，野茫茫，
风吹草低见牛羊。

赏析：这首民歌表达了牧民对羊的喜爱。

【主讲人：王洪涌 华中师范大学文学院 副教授】

猴

『猴』字里头都有哪些吉祥的寓意呢？

hóu

猴

造字故事

ZAOZIGUSHI

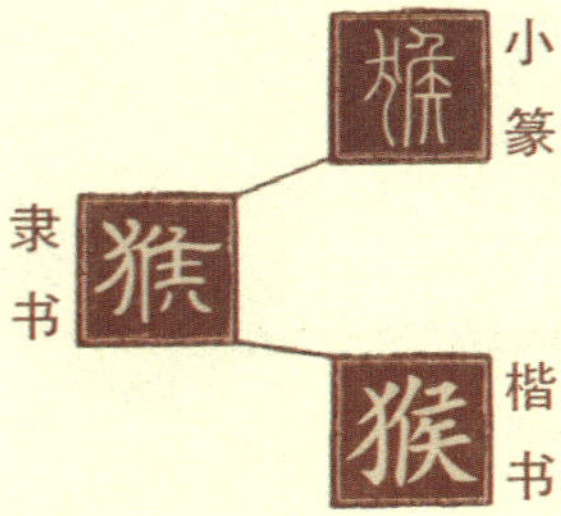

目前出土的文献中，甲骨文和金文都没有“猴”字。春秋时期的禺邗王壶上的字符与猴的形象接近，是一个有尾巴的猴的形象。因为在先秦时候，人们给不同类型的猴起了不同的名称，比如“猢狲”“猿”等，用其他的文字记录了跟“猴”有关的内容。

出处：禹邗王壶

到了秦代的小篆字体“猴”字出现。《说文解字》中说：“猴，夒也。从犬，矦聲。”“猴”字是一个形声字。隶书的笔画进一步简化，楷书的“猴”字更加规整，逐渐演变为我们今天的简化字。

文化故事 WENHUAGUSHI

由于“猴子”的“猴”跟爵位的“侯”读音相同，所以从唐宋开始，“猴”的形象常常被借用来指加官封爵。比如一只猴子爬在枫树上挂印，取“封侯挂印”之意；一只猴子骑在马背上，取“马上封侯”之意；两只猴子坐在一棵松树上，或一只猴子骑在另一只猴的背上，取“辈辈封侯”之意。猴的形象常用于民间建筑的石刻、砖雕、木刻等图案上，表达了封建社会人们对功名的追求，增添了种种吉祥的寓意。

早发白帝城

唐·李白

朝辞白帝彩云间，千里江陵一日还。
两岸猿声啼不住，轻舟已过万重山。

赏析：诗中的“猿”是指栖息在四川三峡附近的白眉叶猴。

【主讲人：王洪涌 华中师范大学文学院 副教授】

jī

鸡

鸡为什么会被古人视为图腾呢？

造字故事

ZAOZIGUSHI

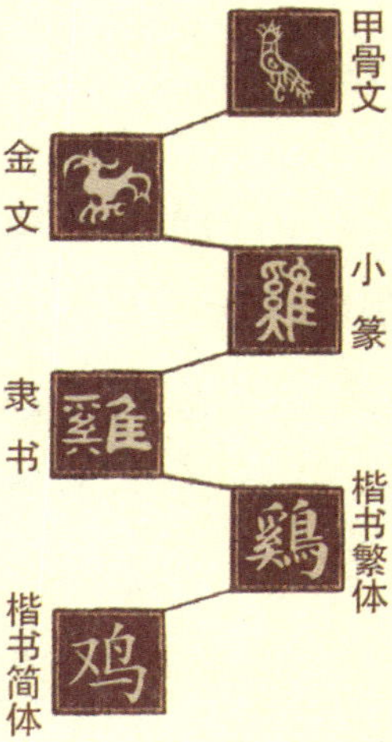

远古时，鸡是一种非常漂亮的会飞的鸟。所以第一种甲骨文的“鸡”描绘了一个美丽的鸟的形象。甲骨文另一种形体添加了声符“奚”，这样“鸡”就成了一个形声字。金文中“鸡”的字体更像一幅鸡的图画，突出了它头上的冠、拖曳的尾巴和锋利的爪子。

鸡：甲骨文1

鸡：甲骨文2

小篆的形体保留了“鸡”字的声符，“鸡”确定为左右结构。而且形符部分跟“鸟”或“隹”混同。隶书和楷书的字形“从隹、从鸟”都可以，简化字的“鸡”将“奚”写为“又”，字形变得简单，已经完全符号化，看不出当初的形态了。

文化故事 WENHUAGUSHI

鸡在古人的心目中地位是很高的，曾被人们视为图腾。晋·王嘉的《拾遗记》里记录说，在尧那个时期，少数民族部落祇支国进献了一种“重明鸟”，这种鸟长得很像鸡，但它的眼睛里有两个瞳孔，可以驱逐猛兽虎狼，它的叫声能吓退凶狠的鸱鸮。后来人们铸造或用木头刻出这种鸟的形状，甚至

在窗户和门上画上重明鸟的形状，用来吓退凶猛的禽兽。慢慢地，人们在剪纸中越来越多地出现鸡的形象，用它来代替重明鸟，护佑平安。

劝学

唐·颜真卿

三更灯火五更鸡，正是男儿读书时。
黑发不知勤学早，白首方悔读书迟。

赏析：诗中展现了鸡守时的特点，古人将鸡作为生物闹钟。

【主讲人：王洪涌 华中师范大学文学院 副教授】

狗

你知道『犬』和『狗』在造字之初的区别吗？

gǒu

狗

造字故事 ZAOZIGUSHI

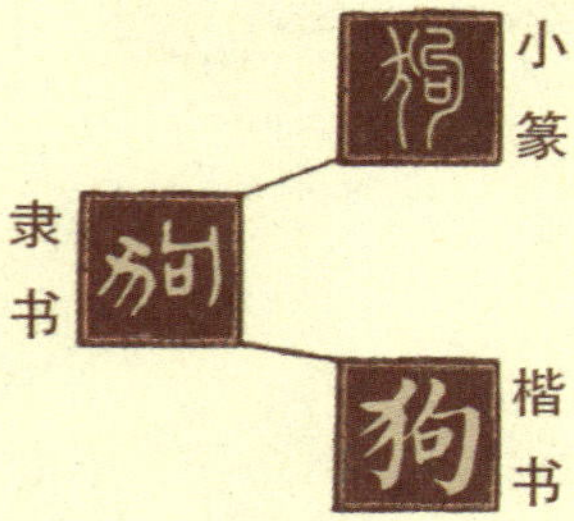

狗是古时候帮助人类狩猎的动物。“狗”还有一种比较书面化的说法：犬。在最早的时候，甲骨文中没有“狗”，但有“犬”这个字，展现了狗的侧面的样子。

从形体上来看，“犬”跟“豕”很像，但它跟

“豕”最大的区别是尾巴，会摇尾巴、尾巴向上弯曲的是犬，而猪的尾巴比较短小。

犬 金文

出处：侯马盟书

金文中的“犬”，仍然保留了长尾巴弯曲的特点，“犬”在鼎上的形象更接近于画。

那么“狗”这个字是什么时候开始出现的呢？直到春秋时期的侯马盟书中，才有“狗”这个字。侯马盟书是在山西侯马出土的书写在玉石上的文字，记录的是春秋末期晋国和其他诸侯国之间订立盟约的言词。从这个形体来看，“狗”是形声字，左边的形符是“犬”；右边的声符今天是写作句子的“句”，但它的读音是gōu。“狗”和“犬”的区别就在于“狗”指的是小狗，“犬”指的是大狗。后来“狗”这个字既能代表大狗，又能代表小狗，人们使用的越来越多，“犬”就用得少了。

狗 指小狗

犬 指大狗

文化故事 WENHUAGUSHI

因为狗很聪明，又忠于它的主人，所以民间有“马有垂缰之义，狗有湿草之恩”“牧羊犬三千里寻主”“义犬救主”这样的故事。从远古时期人类最得力的狩猎工具，发展到今天我们身边忠实的伴侣，狗作为人类的朋友，值得我们珍视、爱惜！

可叹诗（节选）

唐·杜甫

天上浮云如白衣，斯须改变如苍狗。
古往今来共一时，人生万事无不有。

赏析：天上的浮云一会儿像白衣，顷刻又变成苍狗，诗人借此感叹世事变幻无常。“苍狗”，是指灰色的狗。

【主讲人：王洪涌 华中师范大学文学院 副教授】

猪

zhū

猪

好吃懒做的猪为什么会列入十二生肖里呢？

造字故事

ZAOZIGUSHI

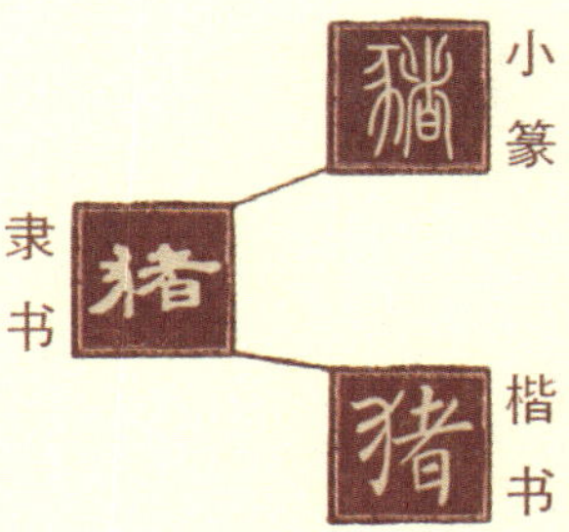

在甲骨文当中，就已经出现了猪的形象，不过甲骨文当中没有“猪”字，但是有“豕”字。“豕”画的就是一个身体圆滚滚的、四脚粗短的猪的形象。它和我们平常所见到的猪不太一样，日常生活中的猪，是四脚着地的，而作为文字的猪的形象，要把它竖起来，是因为甲骨文是竖排的，这样写可以照顾行款的美观。

在小篆当中，“猪”字开始出现了。小篆当中的“猪”字左边是“豕”，表示与猪有关；右边是“者”，表示它的读音。这是一个形声字，左边的形符表示它的意义跟“猪”有关；右边是声符，提示它的读音。

豕 甲骨文

“猪”字发展到隶书、楷书阶段，左边的“豕”替换为反犬旁“犭”，就成为我们今天见到的“猪”字。

为什么“家”这个字下面是一个“豕”字呢？在过去的氏族时代，人们分散出去打猎，然后把收获的猎物归集在一起，人们于是把猪作为收获猎物的象征和代表，也可以当作财富的象征。另外据考古学家发现，距今约五千多年的红山文化出土的玉猪龙，就是猪的头加上龙的身子，这个珍贵的玉猪龙正说明在过去人们是把猪和龙一样，作为很神圣的东西来崇拜的。这也就能够说明猪为什么可以列入十二生肖了。

冀州道中（节选）

元·王冕

自从大朝来，所习亮匪初。
民人籍征戍，悉为弓矢徒。
纵有好儿孙，无异犬与猪。

赏析：诗中的“犬与猪”，表达了诗人对于元朝统治者摧残、破坏汉文化传统的激愤与慷慨。

【主讲人：王洪涌 华中师范大学文学院 副教授】

鸟

niǎo

“鸟”字比“乌”字多的那一点表示什么？

造字故事

ZAOZIGUSHI

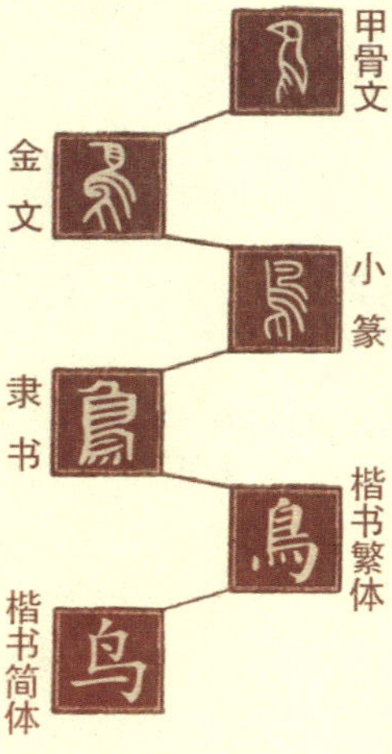

甲骨文的“鸟”是一个竖着的鸟的形状，是一个典型的象形字。你看，头、身躯、尾巴、脚爪子都画出来了，活脱脱就是一只鸟。这是一个典型的象形字。金文的“鸟”字在甲骨文基础上向右画出两条曲线表示翅膀，比

甲骨文更像鸟。

鸟 甲骨文

鸟 金文

小篆的“鸟”字跟金文非常近似，只是更加线条化了。隶书的“鸟”字形体变化较大，进一步符号化，将小篆字形里面的尾羽和脚爪变成了四点“灬”。

繁体楷书的“鸟”字把线条进一步拉直拉平，更加

鸟 小篆

鸟 隶书

鸟 繁体楷书

鸟 简体楷书

简洁规整。简体楷书的鸟字依据草书字形将上部表示眼睛的一横简化成一点，将繁体楷书下面的四点底简化成了一横。

在楷书简体中，“鸟”字只比“乌”字多一个小点，其实这种差别从金文开始就有了。这一小点或一短横表示什么呢？它们表示眼睛。为什么“乌”字头部没有代表眼睛的小点呢？“乌”字指乌鸦，清代的大学者段玉裁说，“鸟”字里面的一点表示眼睛，乌鸦全身纯黑色，眼睛与周围的羽毛分辨不清，因此用不加点的方式突出这一特征。

文化故事 WENHUAGUSHI

鸟曾经是我们祖先图腾崇拜的对象。原始社会中，人们以某种自然物的图形作为本民族的保护神和标志，称为图腾。鸟是重要的动物，能在天空自由飞翔，有着其它动物所不具备的能力，因此，先民们自然会把鸟作为图腾。我国商民族就以燕子为图腾。《诗经》里面说“天命玄鸟，降而生商”，玄鸟就是燕子，商民族认为他们的祖先是由燕子生的。在这种对鸟图腾的崇拜中，鸟既是他们祖先的象征，又是保护部落成员的神秘力量，他们对鸟的崇拜是一种原始宗教的虔诚。

鸟鸣涧

唐·王维

人闲桂花落，夜静春山空。
月出惊山鸟，时鸣春涧中。

赏析：诗人用花落、月出、鸟鸣等活动着的景物，来衬托月夜春山的幽静，取得了以动衬静的艺术效果，生动地勾勒出一幅“鸟鸣山更幽”的诗情画意图。

【主讲人：卢烈红 武汉大学文学院 教授】

兽

『兽炉』指的是烧火做饭的炉子吗？

shòu

兽

造字故事

ZAOZIGUSHI

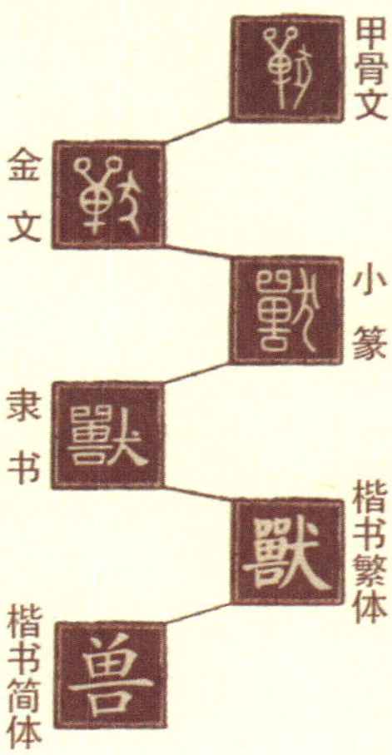

甲骨文的兽字左边是“单”，右边是头向上尾巴向下腹部朝左的“犬”。甲骨文的“犬”字指猎狗，“单”指什么呢？原来单字描摹的是一种打猎的工具。这样看来，“兽”字原本是一个会意字，由打猎的工具和猎狗组合起来，本义是“打猎”，在甲骨文、金文中就多用来表示打猎。“兽”字的金文字形跟甲骨文的写法一脉相承。

小篆的“兽”字右边还是犬，左边下部加了一个口字形。隶书更加符号化了。楷书繁体将左边上部的两个口字单独分离开来了。简体的“兽”字舍弃了繁体右边的“犬”，左边上部两个口简化成了“⺍”。

“兽”由打猎这个本义引申指打猎的对象，于是就有了名词“野兽”的意义。而“兽”字表示“野兽”之后，人们为它的本义打猎另造了一个字“狩”（shòu）。这个“狩”是形声字，左边是反“犬”旁，表示打猎的猎狗，右边“守”表示读音。

提到“兽炉”这个词，我们得先从宋代女词人李清照的《醉花阴》这首词说起。词里面说：“薄雾浓云愁永昼，瑞脑消金兽。”前一句是说整个白天薄雾迷漫，浓云笼罩，这让人加倍感到忧愁，后一句“瑞脑”是一种香料，那“金兽”是什么呢？“金兽”指的是铜香炉，因为做成了兽形，所以叫“金兽”。“瑞脑消金兽”是说瑞脑香在兽形的铜香炉里慢慢燃烧完。这种铜香炉还有一个专门的名称叫“兽炉”。所以兽炉可不是烧火做饭的炉子，大家千万别弄错了。

晨雨

唐·杜甫

小雨晨光内，初来叶上闻。
雾交才洒地，风逆旋随云。
暂起柴荆色，轻沾鸟兽群。
麝香山一半，亭午未全分。

赏析：这首诗的笔触由听觉到视觉，由近及远，由晨至午，精心绘出一幅甜美的晨雨图。

【主讲人：卢烈红 武汉大学文学院 教授】

虫

chóng

虫

《水浒传》里为什么会把老虎称作『大虫』呢？

造字故事 ZAOZIGUSHI

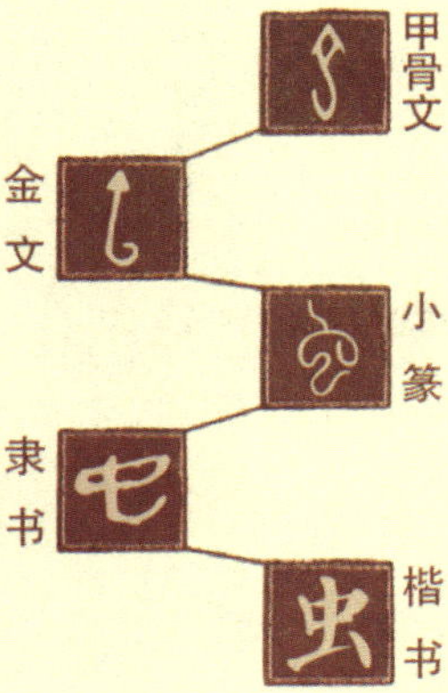

甲骨文的“虫”是个象形字，画的就是一条蝮蛇，整个字形是蝮蛇卧伏而尾巴盘起来的样子，特别突出了虫子的头。

“虫”字古代有两种身份：一是指蝮蛇，不过后来分化出了一个“虺”（huǐ）字，由“虺”字

指蝮蛇；一是作为由三个“虫”字组成的“蟲”字的俗写体，指有脚的虫，引申为动物的通称，这个用法今天读作 chóng。

金文字形跟甲骨文基本相同，只是头部变成实体。小篆的字形更加线条化了，还依稀能看出蛇头、蛇尾的形状，形体跟甲骨文比较接近。隶书和楷书进一步符号化，变成了我们所见到的“虫”字。

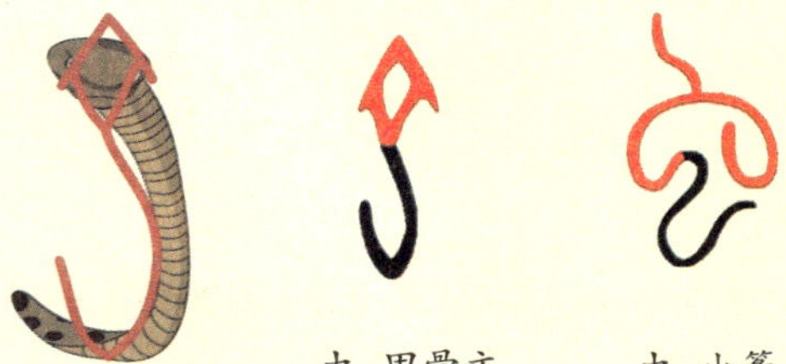

虫 甲骨文　　虫 小篆

文化故事 WENHUAGUSHI

在我国的四大名著之一《水浒传》里面，讲到武松打虎的那一回，作者把景阳冈上的老虎说成“吊睛白额大虫”，为什么会把老虎称作“大虫”呢？原来中国古代的动物分类的角度常常有多种，具体一个概念往往有广义和狭义之分。“虫”读 huǐ 时指蝮蛇，读 chóng 时可指有脚的虫，但也可指含无脚的虫在内的各种各样的虫，这就是

“鸟兽虫鱼”这个分类里面的“虫”，它甚至可以指包括人类在内的所有动物。《大戴礼记》这部书里面把有翅膀的鸟类、有毛的兽类、水中的鱼类，加上传说中的麒麟、蛟龙，甚至人都叫做“虫”。老虎属于有毛的兽类，因此属于广义的虫的范围。因此，《水浒传》把老虎叫作“大虫”，一点儿也不奇怪。

虫

chóng 指各种各样的虫

huǐ 指蝮蛇

夏夜追凉

宋·杨万里

夜热依然午热同，
开门小立月明中。
竹深树密虫鸣处，
时有微凉不是风。

赏析：这首诗撇开了暑热难耐的感受，而仅就“追凉”着墨，以淡淡的几笔，勾勒出一幅夏夜追凉图，表现了作者对大自然的无比热爱。

【主讲人：卢烈红 武汉大学文学院 教授】

yú

鱼

鱼

为什么有些人把考上大学称为『鱼跃龙门』？

造字故事

ZAOZIGUSHI

甲骨文的“鱼”字上面画的是头部，下面画的是分叉的尾巴，中间是身躯，身躯靠近头部左右各画一鳍（qí），一个是背部的鳍，一个是腹部的鳍。这是一个典型的象形字，画的就是平着放的一条鱼。

“鱼”常作名词，指鱼这种水中动物，也可用作动词，指捕鱼这种行为。

鱼 甲骨文

金文的“鱼”字跟甲骨文非常接近，只是头部加了一个小点表眼睛，背部、腹部分别增加了一个鳍，整体上更像鱼了。小篆的“鱼”字变化较大，上面部分写成了“角”字字形，下部的鱼尾巴变得与“火”同形了。隶书在小篆的基础上将笔画拉直拉平，下面的“火”字被简写成了“灬”，楷书繁体作“魚”，简体则将繁体下面的四个小点连成一横，写作“鱼”。

“鲤鱼跳龙门”这句俗语指的是科举考试考中了或地位高升。为什么“鱼”跟科举考试和地位高升联系上了呢？原来黄河有一段地势非常险要，两岸悬崖峭壁相对，形状就像门。这里水高浪急，相传成千上万的大鱼聚集在这里难以游上去，能够游上去的就会变成龙，因此这个地方被叫作“龙门”。由于龙是我们中华民族崇拜的对象，地位很高，因此，鲤鱼跳过龙门变成龙就可以用来比喻科举考试成功或地位一下子升高。今天，人们还把考上大学称为“鱼跃龙门”。

小儿垂钓

唐·胡令能

蓬头稚子学垂纶，侧坐莓苔草映身。
路人借问遥招手，怕得鱼惊不应人。

赏析：此诗描写一个小孩子在水边聚精会神钓鱼的情景，通过典型细节的描写，极其传神地再现了儿童那种认真、天真的童心和童趣。

【主讲人：卢烈红 武汉大学文学院 教授】

凤

fèng

凤

『凤』到底是雄还是雌？

造字故事

ZAOZIGUSHI

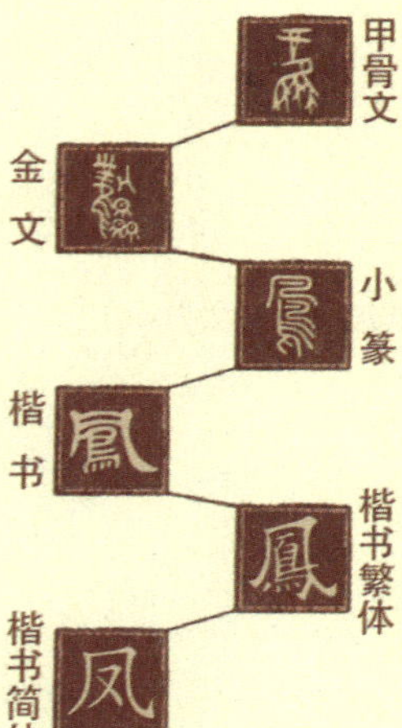

甲骨文的“凤”有两个写法，前一个字形描绘了一只头部有冠饰、羽翼丰满的鸟；后一个字形更为繁复，凤冠上多了几竖，下方加上了孔雀一样的尾羽，右边加上了提示读音的“凡”。

金文继承了甲骨文

中繁复的写法，尾羽上的花翎更为突出，因为凤凰是鸟类。小篆为了书写方便，将笔画复杂的“凤”改成了上下结构，上面是声符“凡”，下面是形符“鸟”。

凤 甲骨文1

凤 甲骨文2

隶书、楷书为求字形协调，使“凡”把“鸟”罩在了下面。汉字简化时用符号代替的办法，把中间复杂的“凡”中的横和“鸟”换成了“又”，就成了现在简体的“凤”字。

文化故事 WENHUAGUSHI

《山海经·南山经》说：“丹穴之山，有鸟焉，其状如鸡，五采而文，名曰凤皇。”可见凤凰本来写作“凤皇”。但是由于凤皇长期成对使用，“皇”受“凤”的字形感染，也在外面加了个“几”，成了“凰”。战国以后，阴阳五行说盛行，“凤”和“凰”分别被赋予了雌雄的界定，于是就有了“雄为凤，雌为凰”的说法。

而“龙凤配”的来历，要追溯到老子和孔子相互称赞的一段佳话。孔子称赞老子是乘风云直上九天、变化莫测的龙，老子则称赞孔子是贤德仁爱的凤鸟。这里的“龙凤”是在比喻君子、圣人。我们称才华出众者为“人中龙凤”就是由此而来的。后来，随着龙作为帝王象征的强化，帝后妃嫔们开始自比为凤，凤凰的形象逐渐由雌雄不分，整体被“雌”化了。

无题

唐·李商隐

昨夜星辰昨夜风，画楼西畔桂堂东。
身无彩凤双飞翼，心有灵犀一点通。

赏析：这是一首恋情诗。诗人追忆昨夜参与的一次后堂之宴，表达了与意中人席间相遇而不能相伴的怀想和惆怅。

【主讲人：谭飞 中南财经政法大学中文系 副教授】

yàn

燕

燕

为什么燕子低飞预示着要下雨？

造字故事

ZAOZIGUSHI

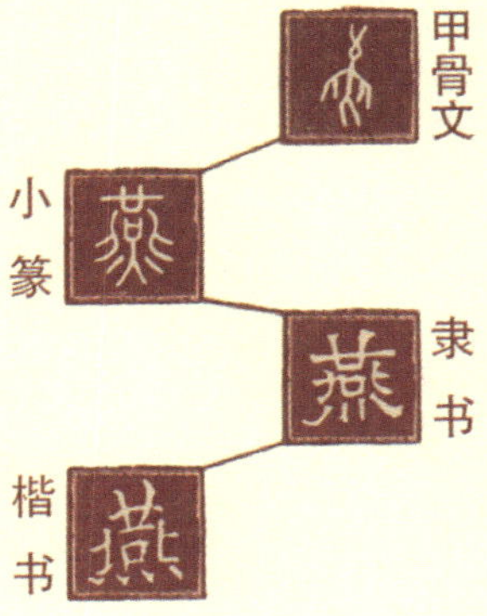

“燕”字的甲骨文像一只燕子的形状。非常形象地画出了燕的尖嘴、圆脑、尖长的翅膀以及剪刀一样分叉的尾巴。

小篆的字形线条化之后，就没那么象形了。《说文解字》说：“燕，玄鸟也。籋（niè）口，布翄（chì），枝尾。象形。”玄鸟，就是说燕子是黑色的鸟。籋口，是说它的口像镊子一样，“燕”字中的“廿”像燕子的嘴；布翄，是说它的翅膀是伸展着的，

燕 甲骨文

一左一右像“北”字的部分就是燕子的双翅；枝尾是说它的尾巴分叉，下边像“火”的这一个部件就是燕子的尾巴。没有提到的中间这个“口”可能是由燕子的头部演变而来的，也可能是在表现它的身躯的部分。隶书、楷书将小篆圆转的笔画平直化，规整后，燕尾被写成了四点“灬”，就写成了今天的字形。

民间有谚语说“燕子低飞要下雨”，燕子难道比天气预报还准吗？其实是因为，下雨之前，通常会有气压降低、空气湿度加大的自然环境变化，这也是我们为什么会在雨前会感到极度闷热的原因，而当气压低、湿度大时，一些昆虫由于翅膀上沾了水汽，它们的飞行高度自然会降低、飞行的速度也会减慢，并且数量集中，而昆虫正是燕子的主要食物，为了捕食它们，它自然要低飞了，这样就形成了在夏日雨前燕子低飞的现象，于是人们就把燕子低飞看成是将要下雨的征兆。

浣溪沙

宋·晏殊

一曲新词酒一杯，去年天气旧亭台。
夕阳西下几时回？
无可奈何花落去，似曾相识燕归来。
小园香径独徘徊。

赏析：词人故地重游，只觉前尘影事，若幻若真，于是巧借眼前之景，抒发怀旧伤今之感。

【主讲人：谭飞 中南财经政法大学中文系 副教授】

雀

麻雀不会筑巢？

què

雀

造字故事

ZAOZIGUSHI

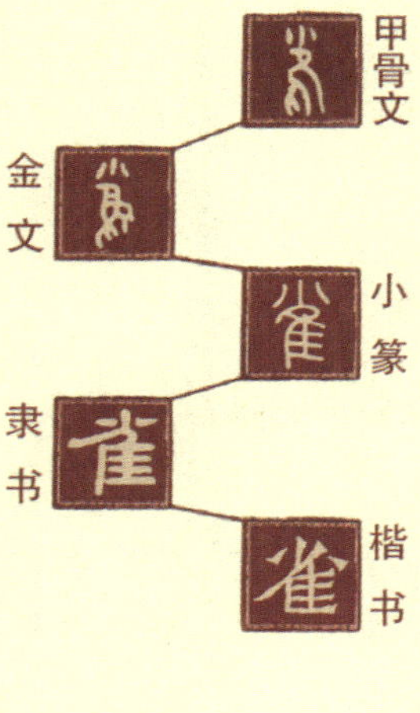

“雀”的甲骨文金文字形差异不大，以“小”和“隹”（zhuī）会意。上面是“小”，下面是“隹”。金文“隹”的线条更为流畅。

“隹”象鸟形，《说文解字》说：“隹，鸟之短尾总名也。”“鸟，长尾

禽总名也。”也就是说“隹”指的是短尾鸟。因此，古文字里用作表意部件时，“隹”和“鸟”常常通用，如“雅”和“鸦”，“雞”和“鷄”，“雕”和“鵰”都互为异体。

雀 甲骨文

“雀”的小篆字形变化不是很大，只是线条更加规整圆转了。《说文解字》说：“雀，依人小鸟也。从小隹。”“小”和“隹”合起来，告诉人们“雀”是一种体型很小的鸟。

隶书、楷书线条化、平直化，仍然较好地保留了“小”和“隹”两个部件，其中由“隹”的头部变成的长撇与“小”的分布更加紧凑了，类似于“少”。

文化故事
WENHUAGUSHI

麻雀和喜鹊都是生活中很常见的鸟，古人依据它们的特性创造了大量的词汇。比如“鸠占鹊巢”，说的是鸠喜欢抢占喜鹊的窝，因为喜鹊的窝搭得好，但麻雀是不会筑巢的，它们往往寻找屋檐、墙洞、桥洞、树洞、砖石间的缝隙等能遮风挡雨的地方，衔一些草进去就成了窝。这么简陋的窝，鸠可看不上，所以我们从来都不说“鸠占雀巢”。麻雀的特点是小，所有人们用“麻雀虽小，五脏俱全”来比喻事物的体积或者规模虽小，但是具备的内容却非常齐全。又因为麻雀喜欢叽叽喳喳地叫，人们用“鸦雀无声”来形容环境非常安静，连爱叫的乌鸦麻雀的叫声都没有了，还不安静吗？

乌衣巷

唐·刘禹锡

朱雀桥边野草花，乌衣巷口夕阳斜。
旧时王谢堂前燕，飞入寻常百姓家。

赏析：这是一首怀古诗。诗人借凭吊南京秦淮河上的昔盛今衰，感慨沧海桑田、人生多变。

【主讲人：谭飞 中南财经政法大学中文系 副教授】

qín

禽

禽

『五禽戏』中的『五禽』是五种鸟吗？

造字故事 ZAOZIGUSHI

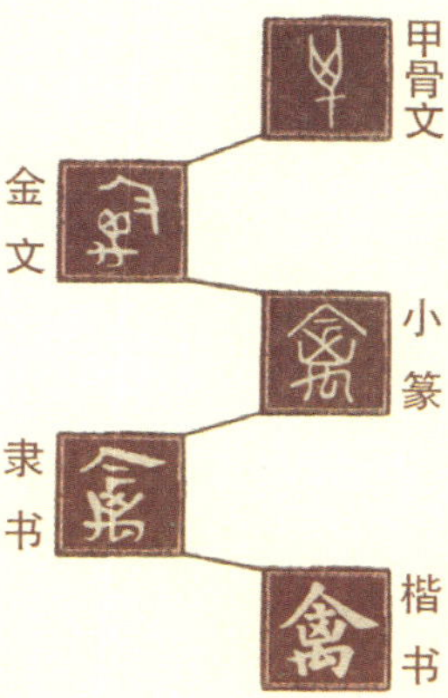

甲骨文的“禽”就像一个长柄的网，下边是柄，上边是网。

这个字形，最初有三个常用义：

一个含义是毕，表示一种捕猎的长柄小网，后来人们在毕上加了个“田”成了“畢”，现在“畢”

简化成了“毕”。

另一个含义是捕捉，因为“禽”像捕猎的网子，是用来捕捉动物的，所以，它还可以用做动词，表示“擒获”的意思。后来人们给它加了个“扌”成了“擒”，“擒获”这一重含义又被“擒”分走了。

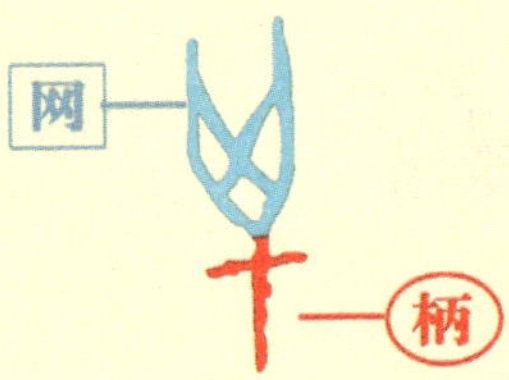

禽 甲骨文

最后一个含义是表示“被擒获的动物”，不过最初，“禽”泛指所有的动物。汉代的《白虎通》里说：“禽者何？鸟兽之总名。”意思是说“禽”是泛指鸟兽的。现在词义缩小以后，“禽”仅指鸟类。

金文的“禽”最大的变化是在长柄网的上边增加了声符“今”，长柄上的一横逐渐变成了一个侧面的手形。“禽”的小篆与金文相比，声符“今”比较清晰，但是已经看不出长柄网的原貌了。楷书中声符今只剩下上边像“人”的部分，其余部分与网子重新组合成了“离”。

东汉名医华佗编过一套名为“五禽戏”的健身操，教人们通过模仿五种动物的动作姿态，来锻炼身体，其中有虎戏、鹿戏、熊戏、猿戏、鹤戏。可见，“禽”最初并不是专指鸟类，也可以指兽类。那“禽”和“兽”有所区分，是从什么时候开始的呢？《尔雅·释鸟》说：“二足而羽谓之禽，四足而毛谓之兽。”说明汉代已开始有所区分。“禽”由鸟兽的总称变为鸟类的总称，这种现象是词汇发展过程中词义缩小造成的。

初夏

宋·朱淑真

竹摇清影罩幽窗，两两时禽噪夕阳。
谢却海棠飞尽絮，困人天气日初长。

赏析：这首诗描写了山村初夏之境。全诗于竹影、鸣禽、日长、飞棠的景象描写中流露出微躁、困顿和丝丝寂寥的心境。

【主讲人：谭飞 中南财经政法大学中文系 副教授】

木

树和木有什么区别？

造字故事

ZAOZIGUSHI

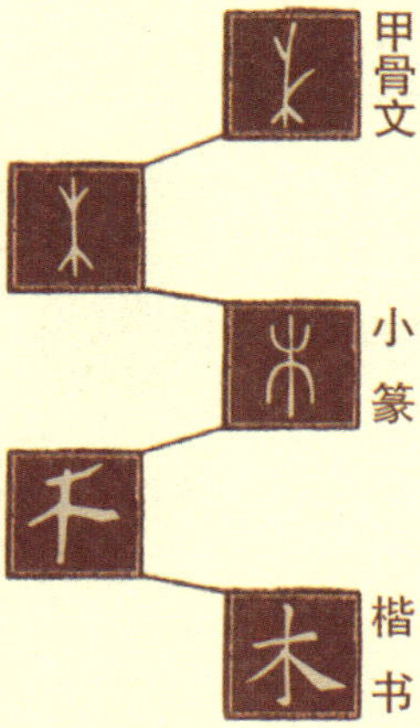

“木”是一个象形字，甲骨文早期字形画的就是一棵树，树枝错落分布在主干上，底端是树根，金文字形变得对称，上面的分叉像树枝，中间像树干，下面像树根。金文没有多大变化。小篆的笔画变得圆转，“木”的树枝和树根都变成了弧形。隶书和楷书的“木”，上面表示枝丫的笔画变成了一横，表示树根的笔画变成了一撇一捺，就成了今天的字形。

木 甲骨文

文化故事 WENHUAGUSHI

我们常听人说“十年树木，百年树人”。这里的“树”是动词，是培育的意思。所以“树木”是栽培树木，“树人”是培育人才。这句话出自《管子·权修》篇。秦朝以前，树木一般称为“木”，很少称“树”。“树”多用作动词，表示“种植”或者“树立”。比如《诗经》中有：“荏染柔木，君子树之。”意思是柔弱的树木，是君子所栽。

大约汉代以后，“树”作名词的用法才多了起来，南北朝时期，表示树木的时候，一般用树，很少用木了。树作为树木的含义用得多了，种植的含义就用得少了，逐渐也就消失了，于是“树木”这个词也不再表示种树，只单纯表示木类植物了，但“树”表示“树立”的用法还是一直延续了下来。

树木是在自然环境中成长的，没有经过加工修饰，所以“木”可以表示质朴，比如孔子说：“刚毅木讷近仁。”质朴向来被看成是美好的品德，但是“木”毕竟是植物，不会动，显得很不灵活，所以“木”也可以表示贬义，比喻人头脑不灵活，反应迟钝，比如“木头木脑”。如果对外在的刺激都没有反应，也可以说“木”，比如天太冷，冻“木”了；菜里花椒太多，舌头“木”了。

思吴江歌

西晋·张翰

秋风起兮木叶飞，吴江水兮鲈正肥。
三千里兮家未归，恨难禁兮仰天悲。

赏析：瑟瑟秋风吹落了树上的黄叶，让诗人联想到家乡的鲈鱼正肥美，而自己却远在千里之外，诗人不禁仰天悲叹。

【主讲人：李治平 湖北师范大学语言学研究中心 教授】

本

本、朱、末分别是树的哪三个部分？

běn

本

造字故事

ZAOZIGUSHI

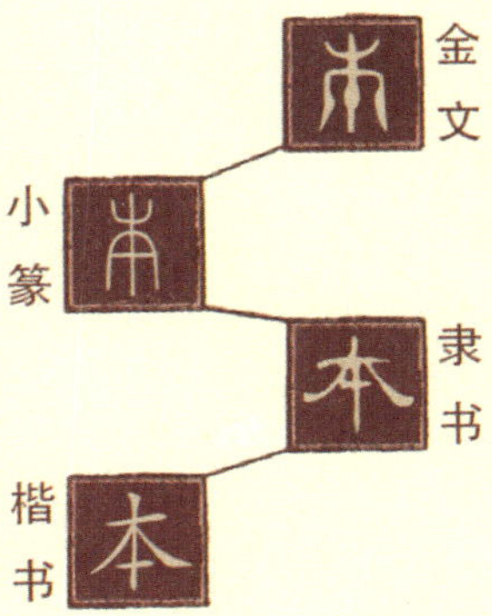

树有树根、树梢、还有树干，这些部分古人分别是用什么字形表示的呢？

我们的古人很聪明，他们采用的方法就是被称为“指事”的造字法。

这种造字法就是将一些象征性或提示性的

符号加在已有的汉字上面表示字义。既然树根在树的下面，那么就在木字下部加上指示符号，用三个点来表示树根，这三个点后来在小篆中被连成一横，成为今天的“本”字。

本 甲骨文

在木的下端加点可以表示根，同理，在木的上端加点就可以表示树梢了。这就是金文的“末”字（）。

树根和树梢都有字了，树干怎么表示呢？树干在本末之间，古人就在木的正中间加上一横，这就是朱（）。这个表示树干的“朱”字后来写成了木字旁的“株”。而“朱”字则被借用去表示大红色，所以说“近朱者赤，近墨者黑”。

树木的生长需要树根从土里吸取水分和营养，所以“本”是树木赖以生存的基础。孔子的弟子有子说：“君子务本，本立而道生”，意思就是君子致力于打基础，基础稳固了，“道”就会产生。我们现在还把没有基础的事物叫做“无本之木”。树梢断了，树往往还能生长；根断了，树就死了。所以本比末更重要，如果重视末，轻视本，那就是“舍本逐末”，这个成语用来形容轻重倒置，舍弃根本而去追求细枝末节。

七步诗

三国魏·曹植

煮豆燃豆萁，豆在釜中泣。
本是同根生，相煎何太急？

赏析：诗歌通过燃萁煮豆这一日常现象，抒发了诗人对于兄弟争执不和的悲愤。

【主讲人：李治平 湖北师范大学语言学研究中心 教授】

未

『未』和『末』是一对双胞胎？

wèi

未

造字故事 ZAOZIGUSHI

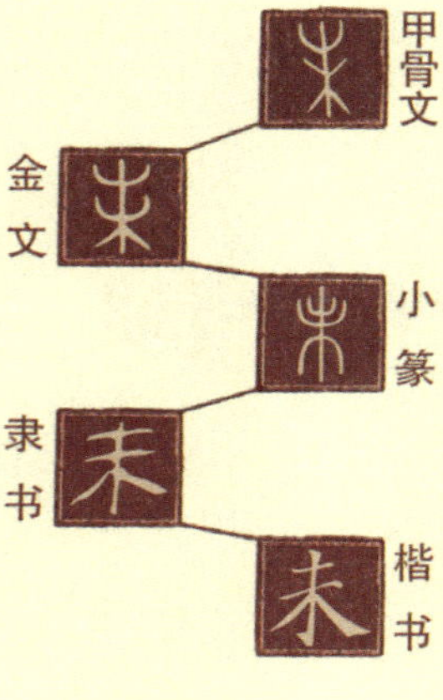

甲骨文的“未”在“木”的字形上端加了一对枝丫，《说文》解释为“象木重枝叶也”。意思是像树上多了一层枝叶的样子，所以“未”本指繁茂的树木。

另外有研究表明，“未”和“末”在上古

时期读音相同，古无轻唇音，“未”过去念起来有点像mèi，和末的读音相同。只是“末”字用一个点在树梢的位置，用来指示树梢，突出的是树的顶端这个范围，而“未”用的是四个树枝，表示树枝比较多。“末”和“未”古音相同，又都表示树的上部，所以原本可以看成是一个字。

未 甲骨文

后来，由于同音的关系，“未”被借来表示地支中的“未”，这样，表示树梢这个意义的字，就由“末”字独自承担了。古代字少，意义虚的字难造字，只好借已有的同音字来表示，不然没办法记录方位、时间、语气这些抽象的东西，而“假借”一般就是因为语音相同，跟字义没什么关系。

小篆的“未”上面的一对枝丫变小，隶书、楷书中笔画变得平直，就成了今天的字形。

文化故事
WENHUAGUSHI

“未”在十二地支中处在第八位。中国古代用天干和地支来纪年、纪月、纪日、纪时，十二地支可以与十天干相配。“甲”跟“子”相配，“乙”跟“丑”相配，如果用来表示年，那么从甲子到癸亥，一轮匹配下来，一共刚好六十年，形成干支纪年法。比如 2019 年就是乙亥年。

如果用来表示月份，正月是寅月，六月就是未月。表示具体时辰，半夜零时表示子时，下午一点到三点就是未时。《水浒传》写武松过景阳冈，看到在败落的山神庙的庙门上写着“如有过往客商人等，可于巳、午、未三个时辰，结伴过冈，其余时分及单身客人，不许过冈……”用现在的计时方法看，就是说上午 9 点以前下午 3 点以后不能过冈。

春雪

唐·韩愈

新年都未有芳华，二月初惊见草芽。
白雪却嫌春色晚，故穿庭树作飞花。

赏析：这首诗写出了诗人在焦急的期待中，终于见到春色萌芽的惊喜，将白雪看作飞花，极富浪漫主义色彩。

【主讲人：李治平 湖北师范大学语言学研究中心 教授】

叶

『叶』的字形为什么不像树叶？

yè

叶

造字故事

ZAOZIGUSHI

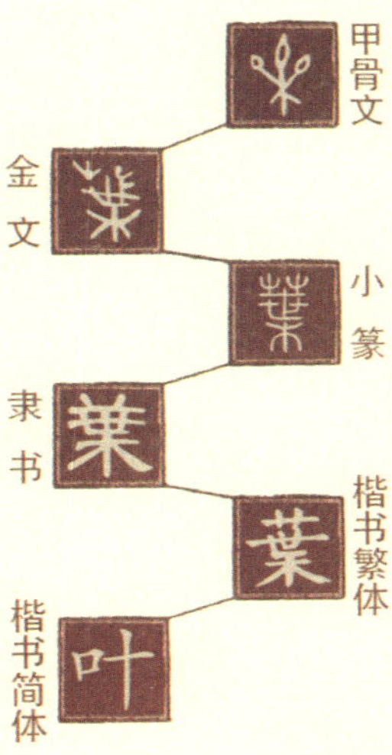

甲骨文的“叶”是一个象形字，它不特指某一种植物的叶子，而是借助树木来表示。所以，甲骨文中的“叶”就像在一棵树上画满了叶子。下面的“木”表示树，上面则是树叶长在树上的样子。

金文（）的字形

中，叶片变成了一道道短横，不够象形了。于是人们在字形上部加了一个草字头“艹”，来强化植物的特征，

逐渐就演变成了繁体的“葉”。汉字简化时，选择了读音相近，但笔画简单的“叶”作为“葉”的简化字。

这个“叶”本来读 xié，十个一样的口，发出同样的声音，表示音调相合，也就有协同、和谐的意思，《说文解字》认为“叶”是“协”的古文。后来，表示让诗歌读起来押韵，就写作“叶韵”；当“配合”讲的时候，写作“协作”“协同”。这样就通过字形把字的用法分开了。

所谓“叶韵”是指后人在读古代诗句的时候，因为语音随时代、地域发生了变化，感觉有些字韵脚不和谐，为了押韵而改读别的音。这种现象在南北朝时期就有了。例如“朱雀桥边野草花，乌衣巷口夕阳斜”，这两句中的“花”和“斜”，现在读起来就不押韵，但在诗人创作诗歌的时代是押韵的。一些人临时把“斜”改读为 xiá，这就是一种叶韵方式。

咏柳

唐·贺知章

碧玉妆成一树高，万条垂下绿丝绦。
不知细叶谁裁出，二月春风似剪刀。

赏析：诗歌描绘了春柳的勃勃生气，葱翠袅娜。把春风比喻为“剪刀”，清新通俗，无意求工而自有新意。

【主讲人：李治平 湖北师范大学语言学研究中心 教授】

柳

古人送别为何要折柳相赠？

liǔ

造字故事 ZAOZIGUSHI

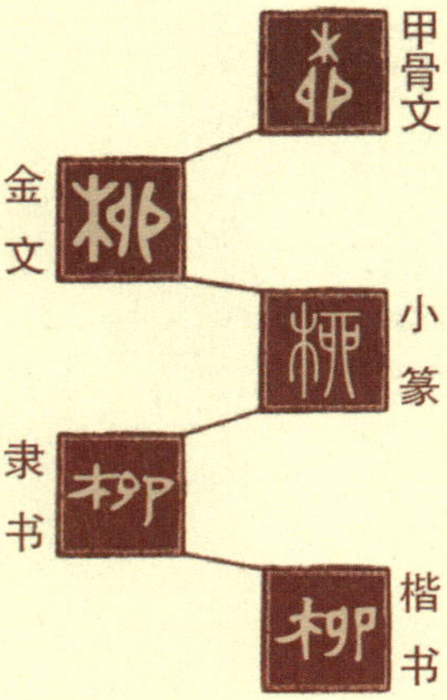

甲骨文的“柳”是形声字，上面是形符“木”，下面是声符卯（mǎo）。

金文中的形体变成了左右结构，但是构字部件没有变化。字形发展到小篆，把右边的声符写成了“丣”（yǒu），隶书又回到了与金文相似的写法，固定成左“木”右“卯”的结构，此后楷书以及简化字的形体没有太大变化。

柳 甲骨文

文化故事

WENHUAGUSHI

自古以来文人墨客笔下的两大主题，一是关于春天，二是关于送别。而柳恰好同时具备这两大主题的元素。柳树一般是春天开始发芽，当春天刚刚开始变暖的时候，柳树上嫩黄的柳芽预示了春的到来。“柳”又与“留”谐音，所以古人送别常折柳相赠。“柳”在历代的诗词中也往往与思念有关。比如李白的“此夜曲中闻折柳，何人不起故园情”。远在他乡的人，听到了《折杨柳》的曲子，谁会不想念自己的家乡呢？

历代喜爱柳的人留下了很多故事。春秋时“坐怀不乱”的柳下惠原来不姓柳，因为很喜欢柳所以才改姓。东晋时候的陶渊明，因为在堂前栽了五棵柳树，他就自号“五柳先生”。北宋的欧阳修曾在扬州平山溏挖土种柳树，这些树被称为“欧公柳”。明末清初的蒲松龄在居住的泉边栽柳，自称“柳泉居士”。另外，由于柳条婀娜多姿，柳叶细长可爱，所以人们往往用来比喻美女，说她们是“杨柳细腰”“柳眉杏目”。

春夜洛城闻笛

唐·李白

谁家玉笛暗飞声，散入春风满洛城。
此夜曲中闻折柳，何人不起故园情。

赏析：这首诗写的虽然是闻笛，但它的意义不仅仅限于描写音乐，更重要的是表达了诗人浓浓的思乡之情。

【主讲人：王洪涌 华中师范大学文学院 副教授】

香

早在古代就有香水？

xiāng

香

造字故事 ZAOZIGUSHI

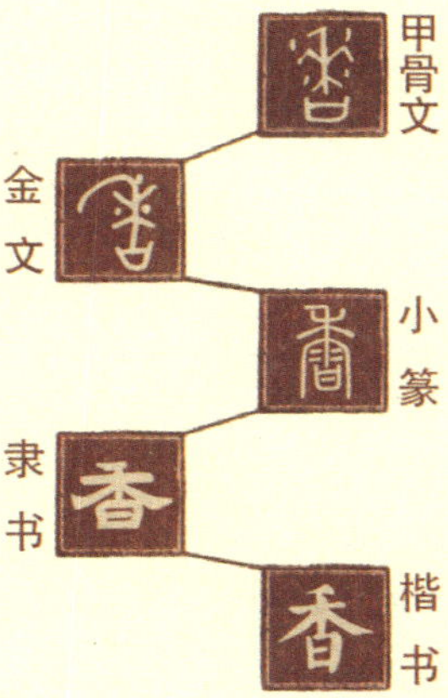

甲骨文的“香”，上方是表示粮食的“黍”或“来”，下方是表示容器的“口”或“甘”。“黍”和“来”都表示粮食，“口”则像装粮食的容器，“甘”一般被认为是“口”字讹变的结果。几个部分合在一起，表示黍米、小麦之类的粮食装在容器中散发出的香气，或者吃东西闻到了香味，但这种香气并不一定要粮食煮熟了才能散发出来，收获的粮食都能散发出自然的馨香。由粮食的馨香味，引申为指气味好闻或好闻的气味。

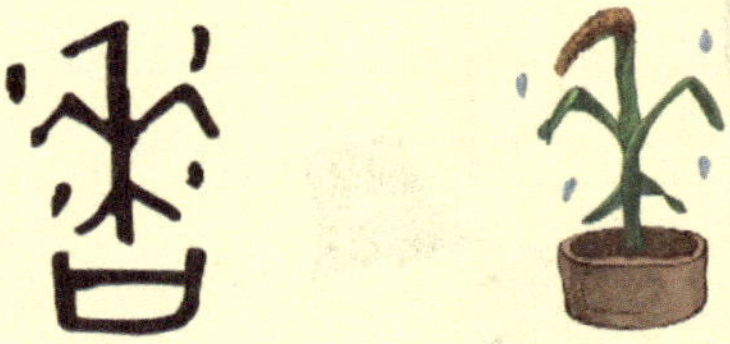

香 甲骨文

金文和甲骨文字形没有多大差异，上面是“黍”，下面是“口”。《说文解字》里的小篆字形，上面是“黍”，下面是“甘”。隶书的“香”字，上面表示粮食作物的部分变成了“禾”，下面的“甘”字变成了“日”。楷书保持了隶书的构造格局，只是笔画变得平直了。

文化故事 WENHUAGUSHI

香气看不见，摸不着，却沁人心脾，让人产生美好的感觉。所以“香”又可以指美好的事物。人们用香指代美女，例如“怜香惜玉”“香腮”“香肩”。

古人还用“香草”比喻美好的品德或追求。比如屈原的《离骚》中有：“扈江离与辟芷兮，纫秋兰以为佩。”“朝搴阰之木兰

兮，夕揽洲之宿莽。”江离、辟芷、秋兰、木兰、宿莽都是能散发香气的植物，屈原在诗中写自己与这些香草为伴，实则是隐喻自己不与小人同流合污。

除了熏香、插香草、佩香囊之外，古人很早就用上香水了。南唐张泌《妆楼记·蔷薇水》记载：“周显德五年，昆明国献蔷薇水十五瓶，云得自西域，以洒衣，衣敝而香不灭。”蔷薇水，又叫古刺水，是由蔷薇花蒸馏而成的香水，五代时期由伊朗、阿拉伯等地传入中国。据说后宫妃子们洗澡后就用这种进口香水擦身。

寒菊

宋·郑思肖

花开不并百花丛，独立疏篱趣未穷。
宁可枝头抱香死，何曾吹落北风中。

赏析：这首诗通过描写菊花宁愿枯死枝头，也决不被北风吹落的高洁之志，表达诗人不屈不挠、忠于故国的决心。

【主讲人：李治平 湖北师范大学语言学研究中心 教授】

秀

『秀』的本义与谷物的生长有关？

xiù

秀

造字故事

ZAOZIGUSHI

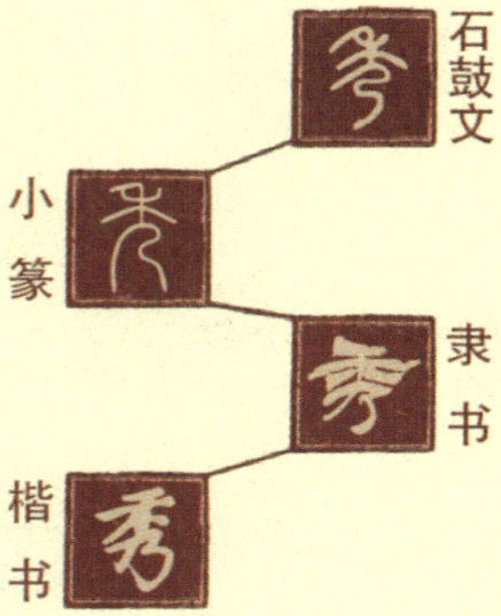

“秀”的石鼓文（是先秦时期的刻石文字，因其刻石外形似鼓而得名）是一个会意字，上面是“禾”，禾泛指黍稻等谷类植物，下面像谷物抽穗成熟后弯曲的样子。

小麦、稻子的种子播在地下，苗儿破土而出后继续长高，开始抽穗，穗上开出几朵小花，花授粉后脱落，穗里就长出一粒粒的麦子或稻子，成熟后被收割下来就是粮食。从抽穗到果实成熟的这几个环节，古人把它们笼统地称为“秀”，而结出子实的“禾”，就像秀的字形一样，是枝头沉甸甸下垂弯曲的样子。

秀 石鼓文

“秀”的小篆形体上面是“禾”，下面像是一个弯曲的“人”字。“秀”的秦简文保留了下方像弯曲“人”形的特点，跟小篆一致。在东汉的孔彪碑和晋代的辟雍碑上，“秀”下方写作“乃”，一直沿用到今天。

文化故事 WENHUAGUSHI

谷物从苗开始，长高后拔节，再抽穗开花，跟普通的苗相比，就会高出一截。所以“秀”有高的意思，比如“木秀于林，风必摧之”，本义就是树林中最高的树会先被大风吹倒，长得自然是出众的，所以我们把从普通人中“脱颖而出”的人，称为“优秀”人才。而亭亭玉立的禾穗，往往又代表着成长、茂盛，充满着生命力，所以“秀”也用来形容美，比如我们形容美人时会说“秀丽”“秀色可餐”。

咏苎萝山（节选）

唐·李白

西施越溪女，出自苎萝山。
秀色掩今古，荷花羞玉颜。
浣纱弄碧水，自与清波闲。
皓齿信难开，沉吟碧云间。

赏析：这首诗是李白为颂扬西施可贵的献身精神而吟就的。诗中既有对西施历史功绩的赞赏，也有自叹自伤的袅袅愁绪。

【主讲人：王洪涌 华中师范大学文学院 副教授】

miáo

苗

苗

『苗』原来是田中的小草。

造字故事 ZAOZIGUSHI

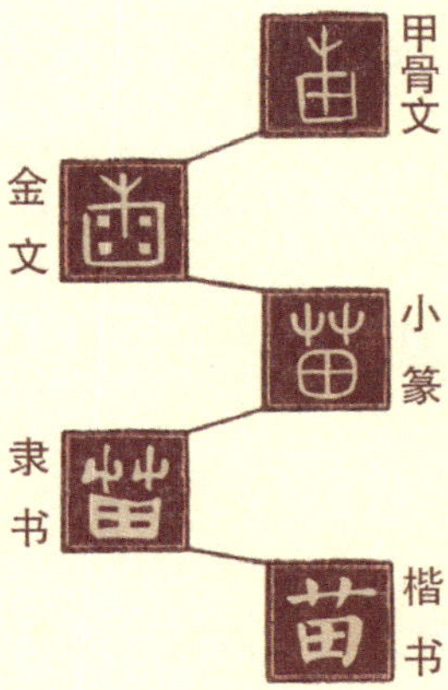

甲骨文的“苗”，非常形象地描画了一块田中长着草的样子，有的字形只画了一株草，有的画了多株。“苗”的本义是田里长出的庄稼幼苗。商代金文的字形中“草”变化不大，“田”有多种画法，但都很形象。到了战国时期，苗基本就定型了，“田”定为四方格，“草”定为两个“屮”的“艸”。小篆笔画更圆转，“艸”也脱离了“田”，形成上下结构。隶书、楷书笔画变得平直，就成了今天的字形。

苗 甲骨文

文化故事 WENHUAGUSHI

“苗”是植物的早期形态，是从根长出来的，相对于植物的根（也就是本）而言，苗就是“末”。用来比喻家族前辈与后辈的关系时，祖先就是“根”，后代就是“苗”。所以屈原在《离骚》中说“帝高阳之苗裔兮，朕皇考曰伯庸”，称自己是古代部族首领颛顼的后人，自己的父亲是伯庸，意在向读者或世人表明自己出身名门，血统高贵。

但“苗”毕竟只是植物的最初阶段，后来能长成什么样子，很难保证，《论语》中

说："苗而不秀者有矣夫！秀而不实者有矣夫！"人和植物一样，发芽也未必结果，一个人即使年少时聪明伶俐，如果不努力进取，最终也可能一事无成。

但成才也不能急功近利，有个成语叫"揠苗助长"，说的是一个宋国人嫌自己的禾苗长得慢，就把禾苗拔高了一截，并告诉别人说，今天可把我累坏了，我帮助禾苗长高了。结果别人去田里一看，禾苗全都枯死了。任何事情都有一定的成长规律，如果违背成长规律、急于求成，就无法实现目标。

归园田居（其三）（节选）

东晋·陶渊明

种豆南山下，草盛豆苗稀。
晨兴理荒秽，带月荷锄归。

赏析：诗歌描写了诗人隐居之后，乐此不疲地从早到晚躬耕劳动的情景。

【主讲人：李治平 湖北师范大学语言学研究中心 教授】

朵

『耳朵』的『朵』是什么意思？

duǒ

朵

造字故事

ZAOZIGUSHI

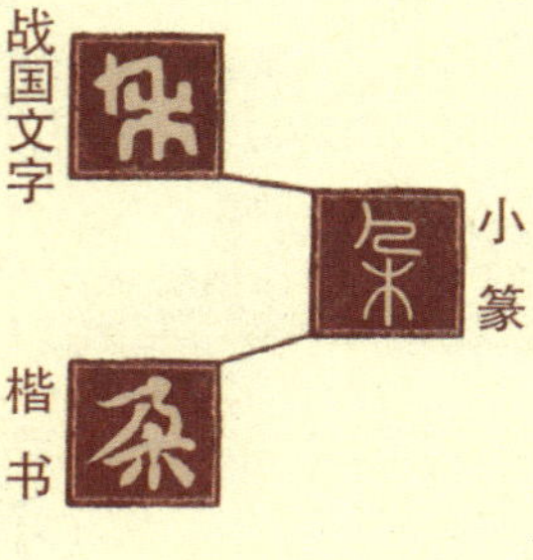

“朵”的战国文字，是一个指事字，在禾字上方加了一短竖，表示禾穗成熟下垂的样子。除了禾穗下垂，植物叶花果实下垂，也可以叫“朵”。

小篆的“朵”，上部变成了“乃”，下面变成了“木”。汉字简化时，

将上部的“乃”写成了“几”（shū），就成了今天的“朵”字。

文化故事

花开得繁茂的时候，往往是饱满的、丰盈的、下垂的，相对于枝干来说，它又是附在主干上的，所以我们在古代文献中经常见到的“朵”，大多数是用来表示主建筑附属部分的，比如主殿两旁的配殿称为“朵殿”，宗庙附属的部分叫“朵宗”。

那人的“耳朵”为什么也叫“朵”呢？我们知道，汉语从最初的单音节词为主慢慢朝着双音节词为主的方向发展。本来象形字“耳”就可以表示人的听觉器官，但在人们看来，人的头部两侧的“耳”，既有附属义，耳朵的形状又让人联想到花朵的鼓起的圆形样子，所以耳就叫“耳朵”了。

我们平常说的“花骨朵”，指的是没有

开放的花蕾。这个词语很容易让人误解，它是不是从“花朵”变化过来的呢？其实“骨朵”是一种古代的兵器，它上部装有木质或铁质的圆头，形状有点像蒜头或者蒺藜，跟“花朵”是没有直接的联系的，只不过因为头部是圆形，让人们联想到了花蕾的形状。

江畔独步寻花（其六）

唐·杜甫

黄四娘家花满蹊，千朵万朵压枝低。
留连戏蝶时时舞，自在娇莺恰恰啼。

赏析：这首诗记叙了作者赏花时的场面和感触，通过描写草堂周围烂漫的春光，表达了诗人对美好事物的热爱之情和适意之怀。

【主讲人：王洪涌 华中师范大学文学院 副教授】

lǜ

绿

那一抹绿色就是山水之间的自然本色。

造字故事 ZAOZIGUSHI

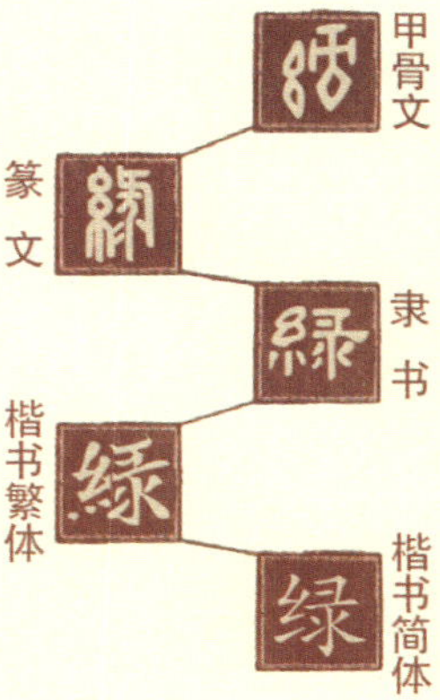

在甲骨文“绿”字中，左边是绞丝旁，右边是声旁“录”，有学者认为“绿”这个字左边的绞丝旁“纟”表示“绿”字的意思与丝有关，结合右边的声旁“录”，表示“绿”是丝织物上一种青中带黄的颜色。小篆中的

“绿”字已经没有甲骨文字形中的象形特征，右边被人们写成“彔”；隶书字形承袭小篆字形，但是笔画进一步平直。在唐代楷书繁体中，“绿”字左边的绞丝旁下方是三点水，这与我们现在常见的“绿”有些许差别。

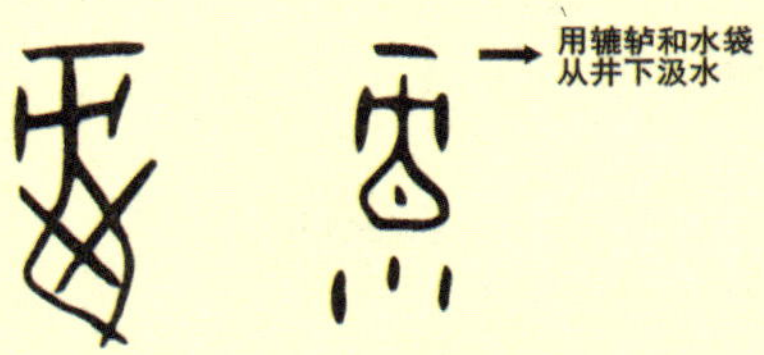

录 甲骨文1　　录 甲骨文2

有学者认为在甲骨文中，最初没有“绿”这个字，而“绿”字是“录”字的演化字。绿字右边的“录”，在甲骨文中整体字形就像一个汲水的轱辘，所以“录”字的本义为用辘轳从井下汲水。

在现代汉语中，“绿”指一种颜色，是树叶的本色。山清水秀、绿树成林，是衡量一个城市是否宜居的重要标志，因此，绿色是自然界健康的标志，是代表人类和自然界和谐共处的美好色彩。现代人崇尚健康，都希望能够吃到没有公害、没有污染的绿色食品。在繁忙、拥挤的公共场合，为了加快办公效率，人们会在相关部门设置手续简便、安全快捷的绿色通道。

江南春

唐·杜牧

千里莺啼绿映红，水村山郭酒旗风。
南朝四百八十寺，多少楼台烟雨中。

赏析：这首诗以明快的笔调描写出一幅美丽的江南水乡春景图，全诗洋溢着诗人对江南景物的赞美和神往，同时也渗透着诗人对历史兴亡盛衰的感慨和对晚唐国运的隐忧。

【主讲人：李健 甲骨文专家】

黄

huáng

黄

我们都是来自黄土地的子孙。

造字故事

ZAOZIGUSHI

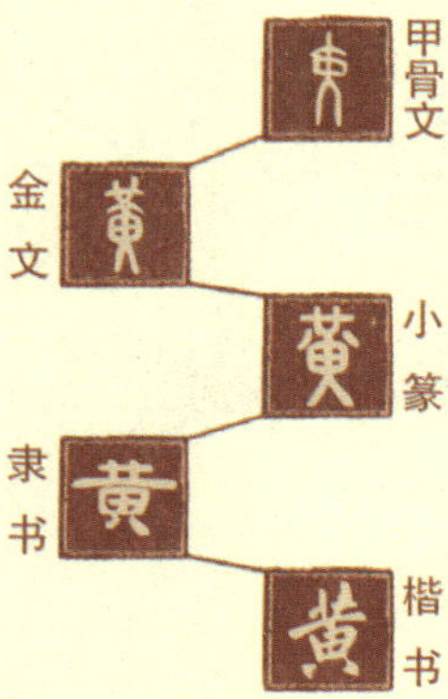

在甲骨文中，“黄”是一个象形字，这个字形像一张野兽的皮，上部为头，中间为腹，下部为腿。

金文中的“黄”字和甲骨文相比有了较大的变化，字形笔画更加线条化了，而原先的象形

意味则渐渐消失，小篆的字形承袭了金文字形，笔画进一步平直。

唐代楷书中的“黄”，已经和我们今天常见的“黄”字十分接近。

“黄”字的本义是展开的“兽皮”，因为晒干后的兽皮，颜色为淡黄色，所以古人用此来表示“黄”这样一种颜色。东汉时期的“字圣”许慎在《说文解字》里注解道：“黄，地之色也。”按照这种解释，“黄”是一种类似黄土高原上土地的颜色。

文化故事
WENHUAGUSHI

在中华传统文化中，女子的妆容在历朝历代都是一道亮丽的风景线。“额黄”又称“花黄”，指的是女子用金粉等黄色颜料装点额头的一种化妆形式。在南北朝时期的民歌《木兰辞》中有“当窗理云鬓，对镜贴花黄”，还有唐代诗人李商隐的《蝶》诗有“寿阳公主嫁时妆，八字宫眉捧额黄。”看来啊，从平民女子到皇家公主，都不约而同地追捧了这种潮流。

登鹳雀楼

唐·王之涣

白日依山尽，黄河入海流。
欲穷千里目，更上一层楼。

赏析：这首诗描写了诗人在登高远望中表现出来的不凡胸襟和抱负，由此也反映出盛唐时期人们积极进取的精神。

【主讲人：李健 甲骨文专家 】

丹

dān

丹

丹的鲜红竟然源自一种地底下的矿物质。

造字故事

ZAOZIGUSHI

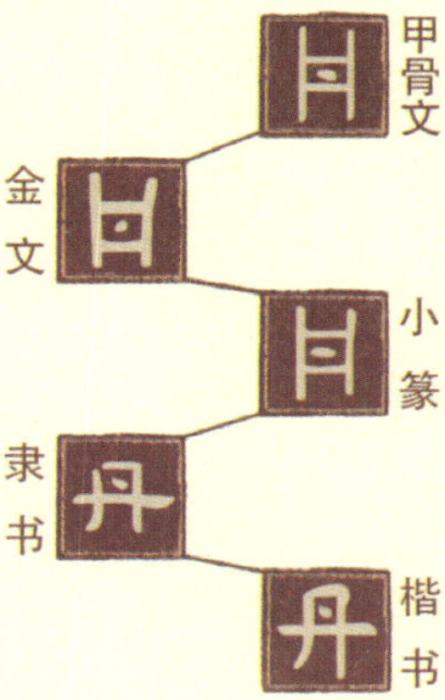

甲骨文中，“丹”是个象形字，金文的“丹”和小篆的“丹”承袭了甲骨文字的字形，没有什么变化；到了隶书，“丹”字的中间一横拉长，里面一点保留。成了现代的“丹”字。

在最初的时候“丹”

这个汉字，所表示的是一口井，在这个井当中有一点，表示从矿井中采到一种石头，这个石头叫“朱砂”，是一种红颜色的矿石，所以“丹”的甲骨文字形就是表示从矿井中采出的朱砂。《说文解字》的注解是：“丹，巴越之赤石也。”

丹 甲骨文

文化故事 WENHUAGUSHI

“丹”在我国古代是非常重要的一种颜色，历代的君主帝王对它都青睐有加。

而且更重要的是，古人心目中“丹”的鲜红不仅仅限于外表，还在于内心的忠贞。南宋时期的爱国诗人文天祥在《过零丁洋》中写道：“人生自古谁无死，留取丹心照汗青。”其中的“丹心”，就是一种借代引申的寓意，指的就是对国家的忠心。这句诗更是把一个爱国主义诗人的思想情怀表达得淋漓尽致。我们中华民族之所以能够千百年来抵御外敌、保家卫国，就是因为在我们的血液和基因中，有一股强大的民族精神，这是任何强敌都无法摧毁的。

一剪梅·中秋元月

宋·辛弃疾

忆对中秋丹桂丛，花也杯中，月也杯中。
今宵楼上一尊同，云湿纱窗，雨湿纱窗。
浑欲乘风问化工，路也难通，信也难通。
满堂唯有烛花红，歌且从容，杯且从容。

赏析：这是一首描写中秋赏月而未得的词作，运用今昔对比的手法，写出了今宵中秋无月的遗憾。

【主讲人：李健 甲骨文专家】

青

引人无限遐想的『东方色』。

qīng

青

造字故事
ZAOZIGUSHI

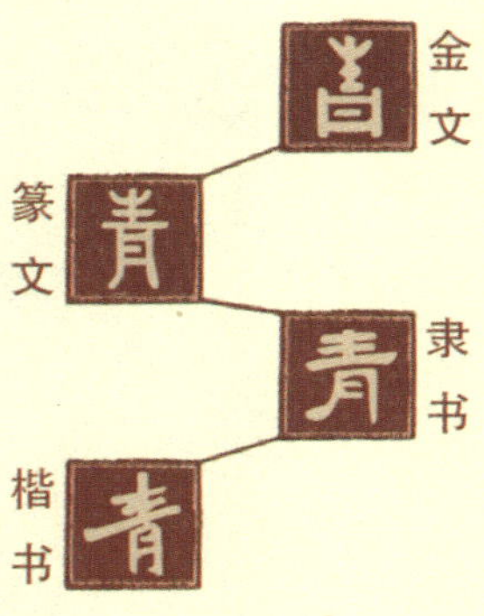

“青”字的金文字形，上部是生，下部是丹，意思是从矿井中提取的颜色像草木色的矿物。青的小篆字形基本承袭金文字形，隶书和楷书的“青”字，将整体字形变得更加平直和流畅。

许慎在《说文解字》

中注解道："青，东方色也。木生火，从生丹，丹青之信，言必然。"这句话是许慎从五行角度对字义做出的解释，意思是说青是象征东方的颜色，东方在五行中属木，木生火，丹字代表火，因此青字就以"生"和"丹"构字。

但是有的学者则认为，青是由生和井字构成，其实关于对"青"字字形的争论，归根结底也是对于"青"色的争论。人们常说"青出于蓝而胜于蓝"，在这里"青"似乎又指代深蓝色，而人们却将深蓝色称作"藏蓝色"，大概草木的绿色与藏蓝色在不同人的眼中并不是同一种颜色。

文化故事
WENHUAGUSHI

唐代诗人杜甫在《闻官军收河南河北》中写道："白日放歌须纵酒，青春作伴好还乡。"这里的"青春"，是指春季草木茂盛，其色青绿。诗歌的字里行间表达的是，诗人听闻喜讯，于是在绿意盎然的春天喜奔故里，一路欢歌笑语，把酒言欢。

"青"所代表的，是植物初生时深浅不一的绿色。春天的绿色令人沉醉，让人神往，后来人们也将这层含义引申比喻为大好年华的"青春"。

送元二使安西

唐·王维

渭尘朝雨浥轻尘，客舍青青柳色新。
劝君更尽一杯酒，西出阳关无故人。

赏析：这是一首送朋友去西城守护边疆的诗，表达了诗人对朋友的美好祝福。

【主讲人：李健 甲骨文专家】

hēi

黑

黑

最早的『黑』字字形里竟然有人的形象！

造字故事

ZAOZIGUSHI

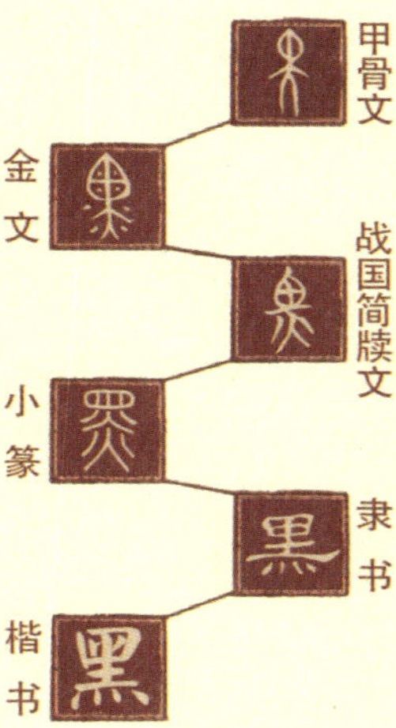

“黑”在甲骨文中是一个衬托象形字，主体是一个正面站立的人，在人头部位画了左右对称的弧形，表示人的脸。如果去掉了这个“大”字，我们就看不出来这是人脸的意思，所以“大”是衬托人头部位弧形的部件，

整个字是衬托象形字。它要表达什么意思呢？可能是描摹人的脸部遭受了墨刑，也可能是表达天空突然变黑了连人脸都看不清的意思。

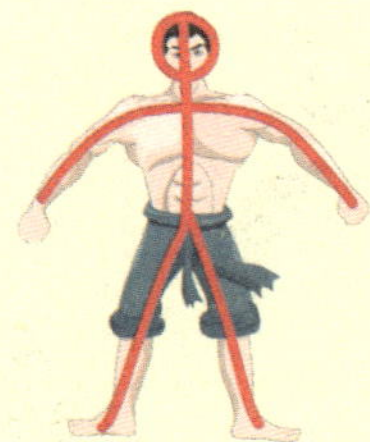

黑 甲骨文

金文又在人的脸部、身体四肢旁边都加上了小点来彰显“黑”的意思，也使得整个字更加好看。

黑 金文

黑 小篆

小篆的“黑”字在金文的基础上，把最上面的部分讹变成了一个椭圆形、里面有三竖的部件，下半部分的笔划中，人的上肢和旁边的点结合变成一个“火”字，下肢和躯干，还有旁边的点结合起来又是一个“火”字。

隶书把小篆字形中最上面的部件和中间的“火”写成了“里”，又把最下面的“火”写成了四点。

黑 小篆

黑 楷书

黑色和青色、黄色、赤色、白色并称为五色，这五种颜色都属于正色，和其他颜色特别容易区分，所以中国古代服饰讲究用颜色区分等级的时候，也总是把这五种颜色作为基本色。比如夏代、秦代的衣服崇尚黑色，商代的衣服崇尚白色，周代、汉代、晋代的衣服崇尚赤色。隋唐以后，又把黄色作为最高等级的衣服颜色。

雁门太守行

唐·李贺

黑云压城城欲摧，甲光向日金鳞开。
角声满天秋色里，塞上燕脂凝夜紫。
半卷红旗临易水，霜重鼓寒声不起。
报君黄金台上意，提携玉龙为君死。

赏析：这首诗用色彩斑斓的画面，渲染了边关兵临城下的紧张气氛，展现了战争的残酷和守军威武雄壮的气势。

【主讲人：王统尚 武汉大学文学院 讲师】

白

为什么甲骨文里用快要升起的太阳来表示白色呢？

造字故事 ZAOZIGUSHI

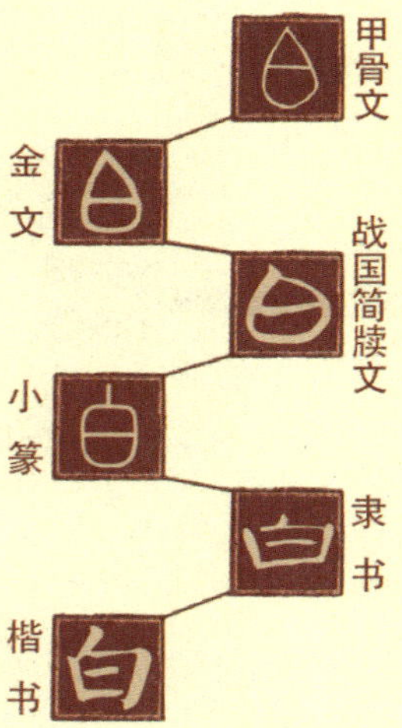

甲骨文的“白”字具体描摹的是什么呢？学者们认为“白”是一个象形字，是天快亮的时候将要跃出天际线的太阳形象，所以像“日”字却又比“日”字的甲骨文顶部尖锐一些。你看，将要升起的太阳是不是呈半

圆形，如果要画出来的话，顶部一定是半圆或尖尖的形状，而这时候的天空颜色又正好是我们说的鱼肚白。

金文的写法除了笔画变粗壮以外没有什么明显的变化。

到小篆和隶书就把中间的尖尖写得向上出了头，成为单独的一笔。

楷书为了书写的连贯和快捷，又把中间的竖笔写成撇，放在靠左上方的位置。至此“白”的写法就定型了。

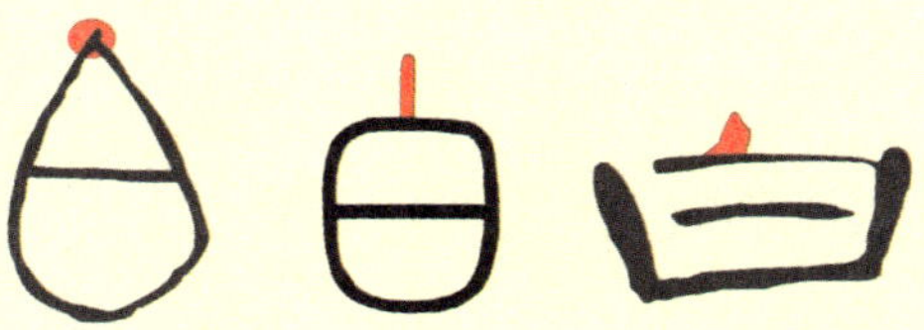

白 甲骨文　白 小篆　白 隶书

文化故事 WENHUAGUSHI

“白”字在甲骨文中已经用得相当多了，基本上都是表示白色，甲骨卜辞里面可以看到白豕、白牛、白狐、白豚、白马等等很多白色的动物。《论语·阳货》篇有“不曰白乎？涅而不缁”的语句，就是表明至白至洁的东西，即使掉到黑泥坑里，也不会被染黑。

“白”从将要跃出天际线的太阳形象，又引申发展出天亮的意思，如苏轼在《前赤壁赋》记载了他和友人饮酒游玩，非常尽兴，以至于在船里互相枕着睡觉，“不知东方之既白”。从这个意思又引申出清楚、明白的意思，比如“真相大白”就是弄清楚真相的意思。

山中

唐·王维

荆溪白石出，天寒红叶稀。
山路元无雨，空翠湿人衣。

赏析：此诗描绘了秋末初冬时节的山中景色，由满是白石的小溪、鲜艳的红叶和无边的浓翠所组成的景色，色泽斑斓鲜明，富于诗情画意。

【主讲人：王统尚 武汉大学文学院 讲师】

chì

赤

赤

人们为什么把小孩又叫『赤子』？

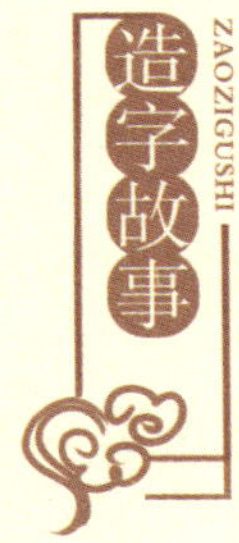

造字故事 ZAOZIGUSHI

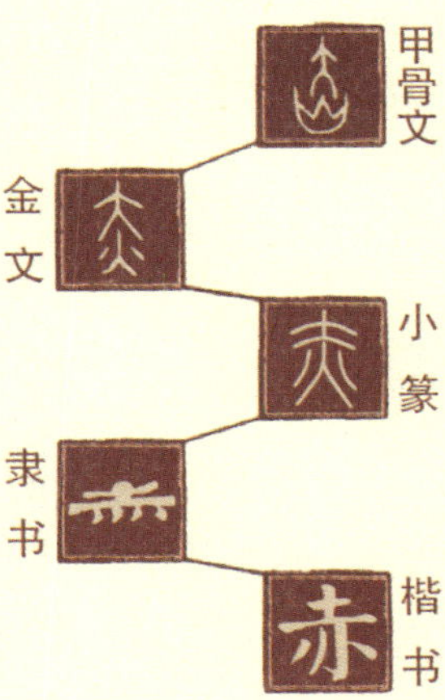

甲骨文的“赤”是一个会意字，上半部分的“大”字，描摹的是一个正面站立的人；下半部分是个“火”字，描摹的是熊熊燃烧的火焰。上下两部分合起来组成了一个会意字，表示用火焚烧人来祭祀天神或先祖。

“赤”的金文字形相比甲骨文主要是下半部分的“火”由形象的火焰形变得符号化了，到了小篆，上半部分的“大”也发生了变形，而更像一个“土”字。

赤 甲骨文

隶书的“赤”上面的字形完全变成了“土”，下半部分的“火”被写成了四点。

赤 金文

赤 小篆

赤 隶书

文化故事 WENHUAGUSHI

商代迷信盛行，祭祀种类繁多而且非常残酷，这种既残酷又没有人道的焚人祭祀在举行时必定燃起熊熊大火，因此，“赤”字在甲骨文中的字形一方面表示了这种祭祀的动态过程，另一方面也表示了火的颜色和人受炙烤时的赤色。所以在甲骨卜辞

里看到“赤马”“赤牛”可能是表示赤色的马、赤色的牛，也可能是表示用火焚马、焚牛。西周时期已经废除了这种野蛮的祭祀，所以“赤”在周代的金文中主要是表示颜色，经常用来修饰名词。

《孟子·离娄下》里有“大人者，不失其赤子之心”的语句，就是说品德高尚的伟人，永远不会失去孩子般的纯真、善良之心。那么，为什么又把孩子叫做“赤子”呢？这是因为刚出生的黄种人婴儿，由于皮肤娇嫩，整个身体看起来发红，所以我们古人就把刚出生的小孩叫“赤子”。

马诗二十三首（其八）

唐·李贺

赤兔无人用，
当须吕布骑。
吾闻果下马，
羁策任蛮儿。

赏析：此诗通过猛将骑良马、庸人骑劣马的对比，表明良才必须英主才能任用的道理。同时也对当时社会不能做到“才尽其用”的现象表示极大的愤慨。

【主讲人：王统尚 武汉大学文学院 讲师】

玄

玄色为什么跟黑色有关？

xuán

玄

造字故事

ZAOZIGUSHI

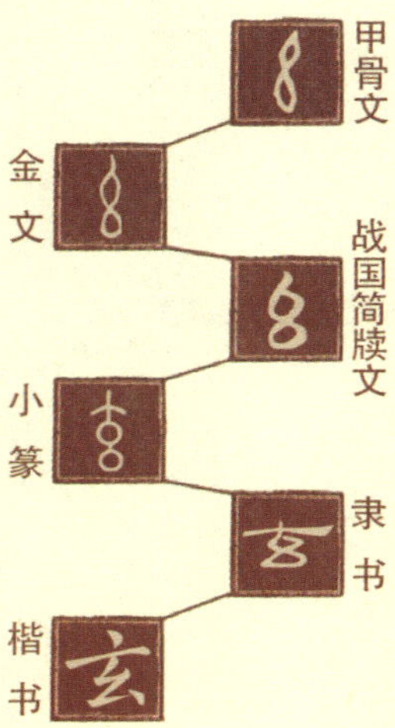

甲骨文的“玄”字描摹的是成束的丝线形状，是一个独体象形字。有的金文继承了甲骨文的写法，有的金文则出现了上面出头的写法。

小篆的玄在保留金文上端出头写法的同时，又增加了一个弧形的装

玄 金文1

玄 金文2

饰性笔画，使得整个字的上半部分看起来更加对称美观。

《说文解字》里面说：“玄，幽远也。黑而有赤色者为玄。”这种解释是把“玄”的不同意思给放到了一起。黑色中带点赤色，这是“玄”的基本意思；幽远，这是“玄”引申后的意思。

黑色给人以深厚凝重的感觉，所以它又有深远、深奥的意思。屈原《楚辞·惜往日》篇“临沅湘之玄渊”中的“玄渊”就是深渊的意思，《庄子·天地》篇“玄古之君天下，无为也”中的“玄古”就是远古的意思，《老子》“玄之又玄，众妙之门”中的“玄”则是神妙深奥的意思了。

文化故事
WENHUAGUSHI

玄色作为颜色，在很早就跟五行、五方联系了起来。古人认为，东方青龙属木，南方朱雀属火，西方白虎属金，北方玄武属水，中央黄龙属土。所以北方也叫玄方，北方的海也叫玄海，祭祀用的清水也可以叫玄酒。如果知道了这些知识，就会知道著名的“玄武门之变”，一定是发生在长安城的正北门；南京的玄武湖绝对不可能在南边，而应该在北边。

在狱咏蝉

唐·骆宾王

西陆蝉声唱，南冠客思深。
不堪玄鬓影，来对白头吟。
露重飞难进，风多响易沉。
无人信高洁，谁为表予心。

赏析：诗人歌咏蝉的高洁品行，以蝉喻己，表达了辨明无辜、昭雪沉冤的愿望。其中“玄鬓”是指蝉的黑色翅膀，这里比喻自己正当盛年。

【主讲人：王统尚 武汉大学文学院 讲师】